EXCURSIONES

Developed by
Metropolitan Teaching and Learning Company
and
The School District of Hillsborough County

SENIOR AUTHORS
AL SORIANO, JACK BEERS

Senior Authors
ALBERT SORIANO, JR.
Supervisor, Elementary Mathematics (retired)
School District of Hillsborough County

JACK BEERS
Vice President, Math and Science
Metropolitan Teaching and
Learning Company

Author, K–5; Program Manager, K–2
JANET WHITE
Elementary Mathematics
School District of Hillsborough County

Author, K–5; Program Manager, 3–5
JOHN FAHLE
Elementary Mathematics
School District of Hillsborough County

Author, K–5; Technical Design Manager, K–5
KEITH ABORN
Elementary Mathematics
School District of Hillsborough County

Author, K–5; Lead Kindergarten Consultant
BARBARA KNOX
Elementary Mathematics
School District of Hillsborough County

Author, School District of Hillsborough County
SCOTT WEAVER

Contributing Authors/Editors, School District of Hillsborough County
JEFFREY GUERRA
JOHN PERRY
DAVID WHITMAN

Contributing Resource Teachers, Elementary Mathematics, School District of Hillsborough County
RITA DUGAN
ELIZABETH GLENN (retired)

School District of Hillsborough County

School Board Members
GLENN BARRINGTON
CAROLYN BRICKLEMYER
JENNIFER FALIERO
CAROL W. KURDELL

Superintendent
EARL LENNARD, PH.D.

Deputy Superintendent for Instruction
BETH SHIELDS

Deputy Superintendent for Instructional Support
JIM HAMILTON, PH.D.

Assistant Superintendent, Business and Information Technology Services
MICHAEL BOOKMAN, PH.D.

JACK R. LAMB, ED.D.
CANDY OLSON
DORIS ROSS REDDICK

Assistant Superintendent for Instruction
MICHAEL GREGO, PH.D.

General Director of Elementary Education
JOYCE G. HAINES, PH.D.

Supervisor, Elementary Mathematics
LIA CRAWFORD

Design: Debrah Welling
Cover: Charles Yuen
Spanish Edition: Translation and Production by Editorial Options, Inc.
Spanish Edition Reviewer: Elizabeth Celeste Coiman-Humphries, BAT, MS,
Title III Supervisor, Multilingual Department, Houston ISD

Copyright © 2004 Metropolitan Teaching and Learning Company.
Published by Metropolitan Teaching and Learning Company,
a division of Cambium Learning, Inc.
Printed in the United States of America.

All rights reserved. No part of this work may be reproduced, transmitted, or utilized in any form or by any means, electronic, mechanical, or otherwise, including photocopying and recording, or by any storage and retrieval system, without prior written permission from Metropolitan Teaching and Learning Company.

Metropolitan Teaching and Learning Company
New York
ISBN 1-58830-876-6
1 2 3 4 5 6 MZ 06 05 04

Contenido

TEMA 1:
Recopilar datos y analizarlos

Excursiones	Página
Clasificar	3
Represéntalo	13
¿Cuál es tu respuesta?	15
Conecta los puntos	19

TEMA 2:
Números enteros y decimales I

Excursiones   **Página**

Ecuaciones: En el principio 25

Una serie de lugares 39

Un asunto de familia 49

Marcos giratorios 57

El saltador 61

El dinero de Moe 65

Ponlos juntos 73

Suma de diferentes maneras 81

TEMA 3:
Geomedidas I

Excursiones	Página
Dame diez	89
Cuentos de peces	93
Ir más lejos	97
Te daré una referencia	103
Castillos en la arena	107
¿Quién soltó los perros?	111
Las marujas de la hora	115
Tarjetas de figuras	125
A la caza del polígono	133
Los rastreadores de patrones	137
La figura de los patrones	141

TEMA 4:
Números enteros y decimales II

Excursiones	Página
Trilogía de números	151
Milla a milla	165
Quedarse en la ruina	169
Un camino diferente	175
¿Cuál es mi cambio?	181
Algo desequilibrado	185
La aproximación de Barry Kloze	191
Llegó la hora de hacer donas	199
Formación de la banda	203
Hallar lo impar	213

TEMA 5:
Geomedidas II

Excursiones	Página
Siente el calor	219
La compañía de correos de Molly	223
Llénalo	229
Mil gotas	233
Sólo ocupando espacio	239
Forma de cuerpo geométrico	245
La máquina de la transformación	253

TEMA 6:
Fracciones

Excursiones	Página
Los dilemas de Jenna	259
El club de jardín	265
El circo con tres pistas	271
Uno por encima del resto	279
La presencia de patrones	285

TEMA 7:
Probabilidad

Excursiones	Página
¡Todo es possible!	297
¡Lanzando!	303
Un rango de nombres	309

TEMA 1
Recopilar y analizar datos

Clasificar

SOPA DE LETRAS

A	a	B	b	C	c
D	d	E	e	F	f
G	g	H	h	I	i
J	j	K	k	L	l
M	m	N	n	Ñ	ñ
O	o	P	p	Q	q
R	r	S	s	T	t
U	u	V	v	W	w
X	x	Y	y	Z	z

TEMA 1 Clasificar

Nombre _____

CLASIFICACIÓN DEL ALFABETO

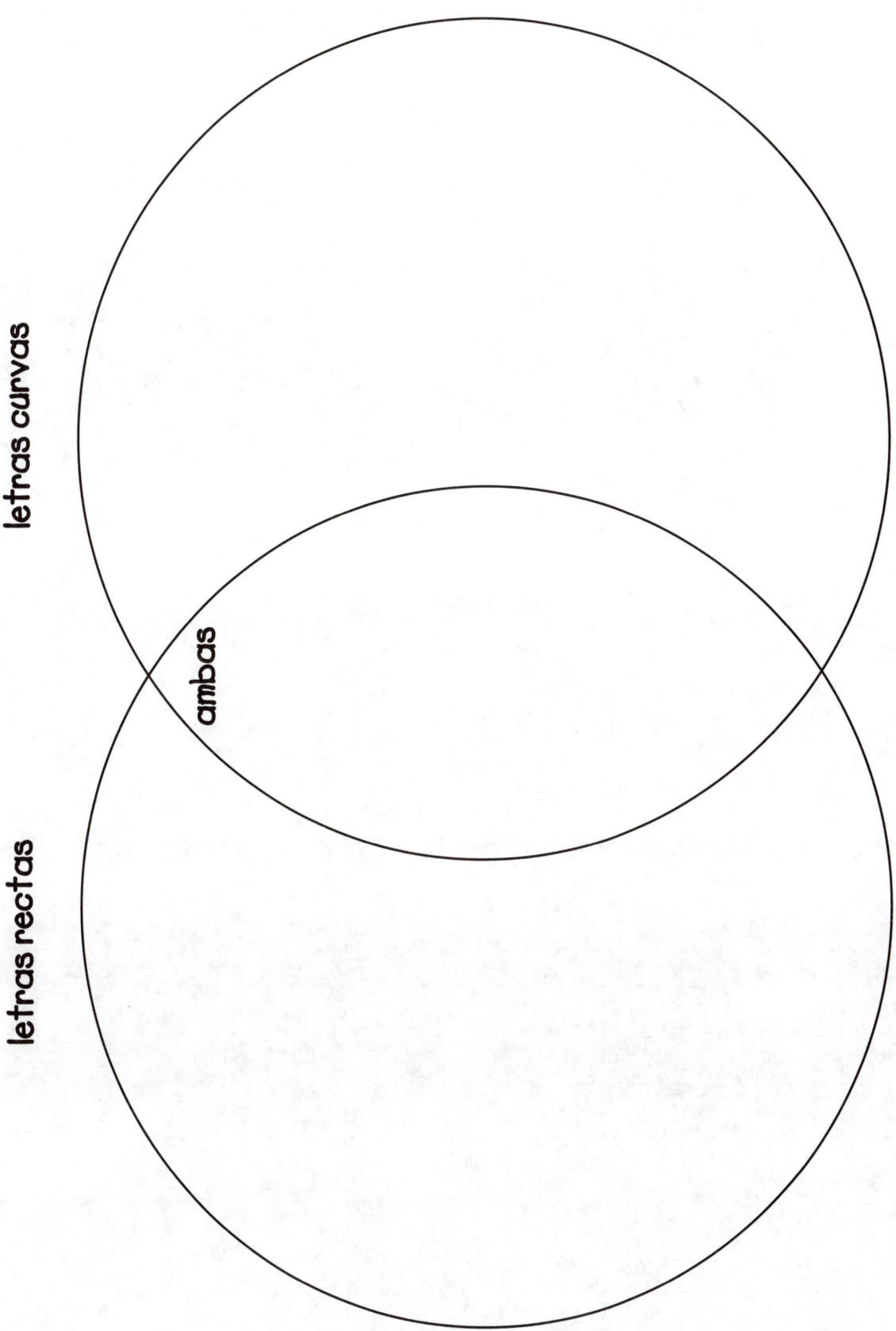

TEMA 1 Clasificar

cinco 5

Nombre _____

CLASIFICACIÓN DE LOS NÚMEROS

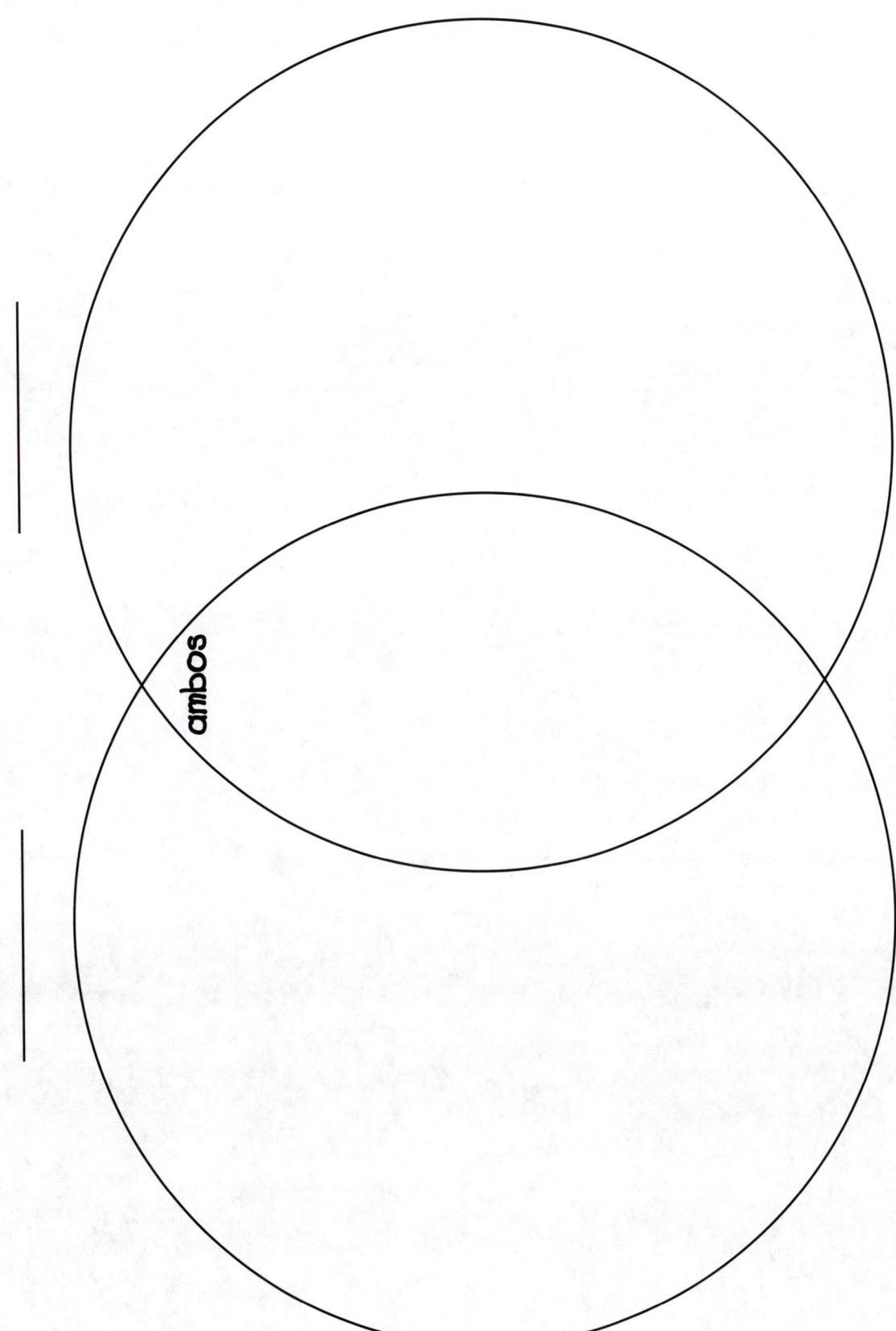

ambos

TEMA 1 Clasificar

siete **7**

Nombre _____

SOPA DE NÚMEROS

0	1	2	3	4	5
6	7	8	9	10	11
12	13	14	15	16	17
18	19	20	21	22	23
24	25	26	27	28	29
30	31	32	33	34	35
36	37	38	39	40	41
42	43	44	45	46	47
48	49	50	51	52	53

TEMA 1 Clasificar

CONEXIÓN CON EL HOGAR: CLASIFICAR FIGURAS

Estimado padre o representante:

Su niño ha estado aprendiendo a clasificar objetos diversos poniéndolos en distintos grupos. Ayude a su niño a clasificar en el diagrama de Venn las figuras que se muestran en el recuadro. Dígale que tache las figuras que no pertenezcan a ninguna de las categorías.

TEMA 1 Clasificar

CONEXIÓN CON EL HOGAR: CLASIFICAR FIGURAS

➡ **Dibuja las figuras en el diagrama.**

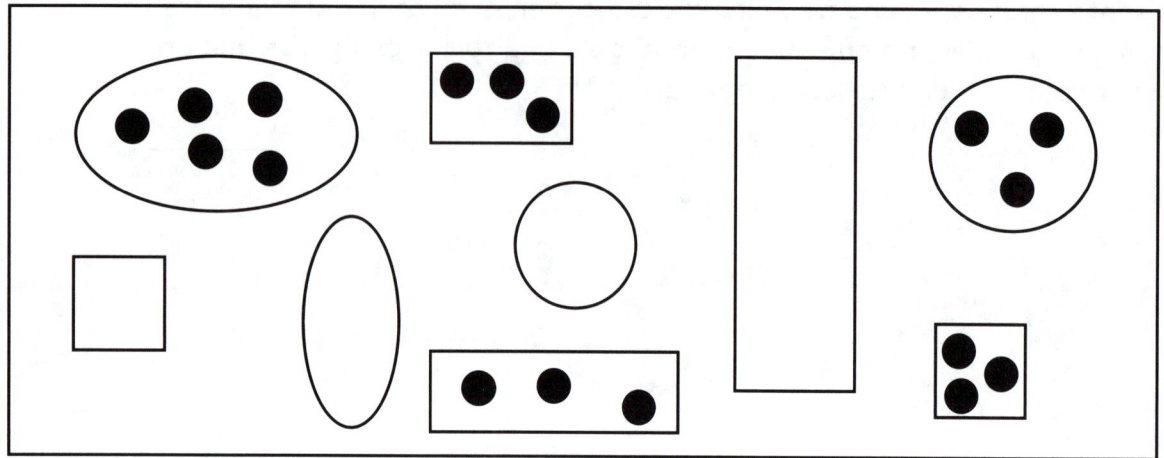

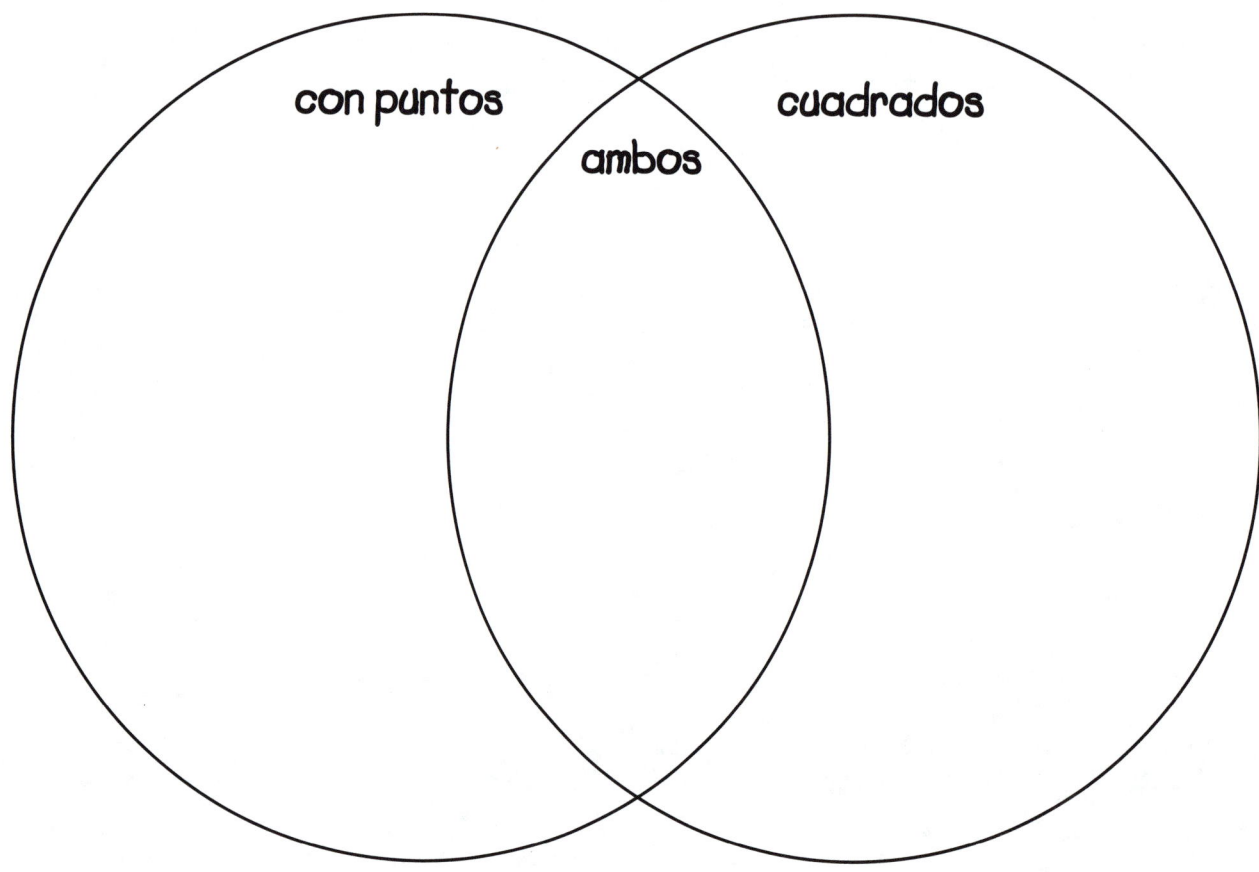

doce

TEMA 1 Clasificar

Nombre _____

Represéntalo

NUESTRO JUGO FAVORITO

Tipos de jugo	Cantidad de vasos

Clave: _____ = 2 votos.

CONEXIÓN CON EL HOGAR: VENTANAS Y PUERTAS

Estimado padre o representante:

Su niño está aprendiendo diversas maneras de representar datos y de interpretar gráficas. Ayude a su niño a anotar en la pictografía de abajo la cantidad de puertas y ventanas que hay en su casa. Decidan qué representa el cuadradito. Por ejemplo, puede representar 1 cosa o 2 cosas. Luego, lean las instrucciones y ayude a su niño a seguirlas.

➡ **Cuenta las ventanas y dibuja un cuadradito para mostrar el número de ventanas. Cuenta las puertas y dibuja un cuadradito para mostrar el número de puertas.**

Título: Partes de una casa

	Número
Ventanas	
Puertas	

Clave: ▪ = _____

¿En tu casa qué hay más, puertas o ventanas? _____

TEMA 1 **Represéntalo**

¿Cuál es tu respuesta?
RALLY DE RODAR

Número	Cantidad de veces que rodó (Marcas)
1	
2	
3	
4	
5	
6	

ENCUESTA SOBRE LA MERIENDA FAVORITA

Artículo	Cantidad de votos (Marcas)

Nombre _____

¡HAZ LA GRÁFICA!

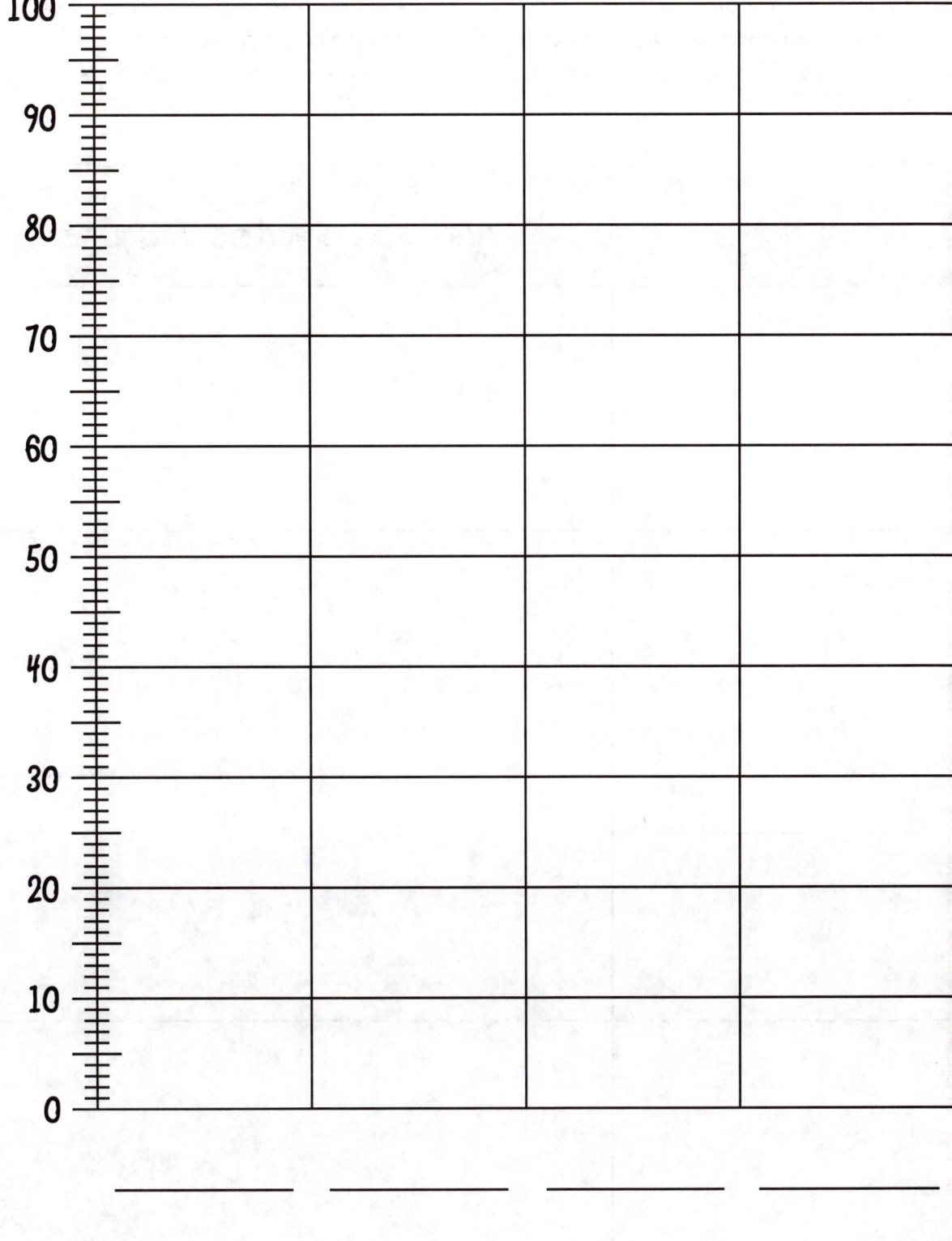

Título: _____

TEMA 1 ¿Cuál es tu respuesta?

CONEXIÓN CON EL HOGAR: ENCUESTA DE MERIENDAS FAVORITAS

Estimado padre o representante:

Su niño está aprendiendo diversas maneras de recopilar información. En la clase han hecho una encuesta. Ayúdelo a escoger cuatro artículos, a preguntar la opinión de familiares, amigos y vecinos, y a anotar con marcas de conteo las respuestas.

Artículo	Número de votos (Marcas)

TEMA 1 ¿Cuál es tu respuesta?

Conecta los puntos

TABLA DE ASISTENCIA

Día	Cantidad de estudiantes
Lunes	
Martes	
Miércoles	
Jueves	
Viernes	

¿HACE CALOR?

Hora	Temperatura

CAMBIO DE TEMPERATURA

10						
8						
6						
4						
2						
0						

TEMA 1 Conecta los puntos

CONEXIÓN CON EL HOGAR: LEE LA LÍNEA

Estimado padre o representante:

Su hijo está aprendiendo a poner información en una gráfica lineal, así como a interpretar dicha información. Busque una gráfica lineal en un periódico o en una revista. Recórtela y péguela en el cuadro de abajo. Ayude a su niño a escribir dos preguntas que se puedan responder leyendo la gráfica lineal.

1. _____

2. _____

TEMA 2
Números enteros y decimales I

Nombre _____

Ecuaciones: En el principio . . .

NIVELAR LA BALANZA

=

TEMA 2 Ecuaciones: En el principio . . .

TABLA DE ECUACIONES

2			
3			
4	△▽		
5			

TEMA 2 Ecuaciones: En el principio . . .

Nombre _____

FIGURAS DE BLOQUES DE PATRONES

TEMA 2 Ecuaciones: En el principio . . .

veintisiete **27**

Nombre _____

TARJETAS DE ECUACIONES

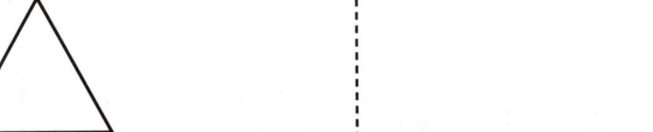

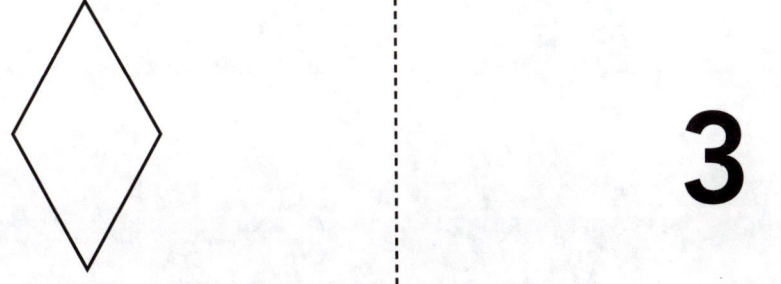
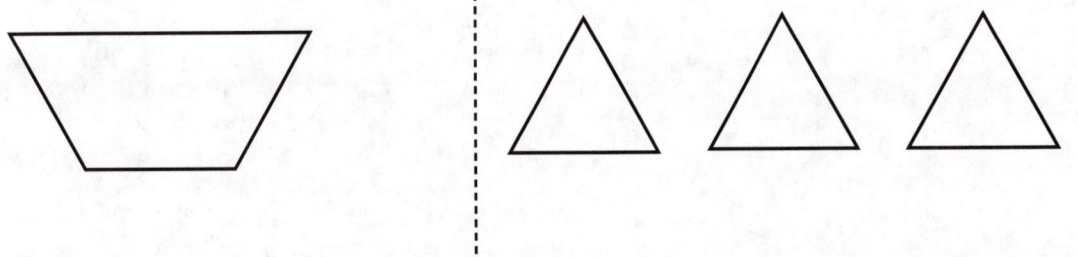

TEMA 2 Ecuaciones: En el principio . . .

Nombre _____

△ △ △ △ △	**5**
▱ ◇	**6**
▱ △ △	**6**
◇ ◇ △	**6**

TEMA 2 Ecuaciones: En el principio . . .

treinta y uno **31**

Nombre _____

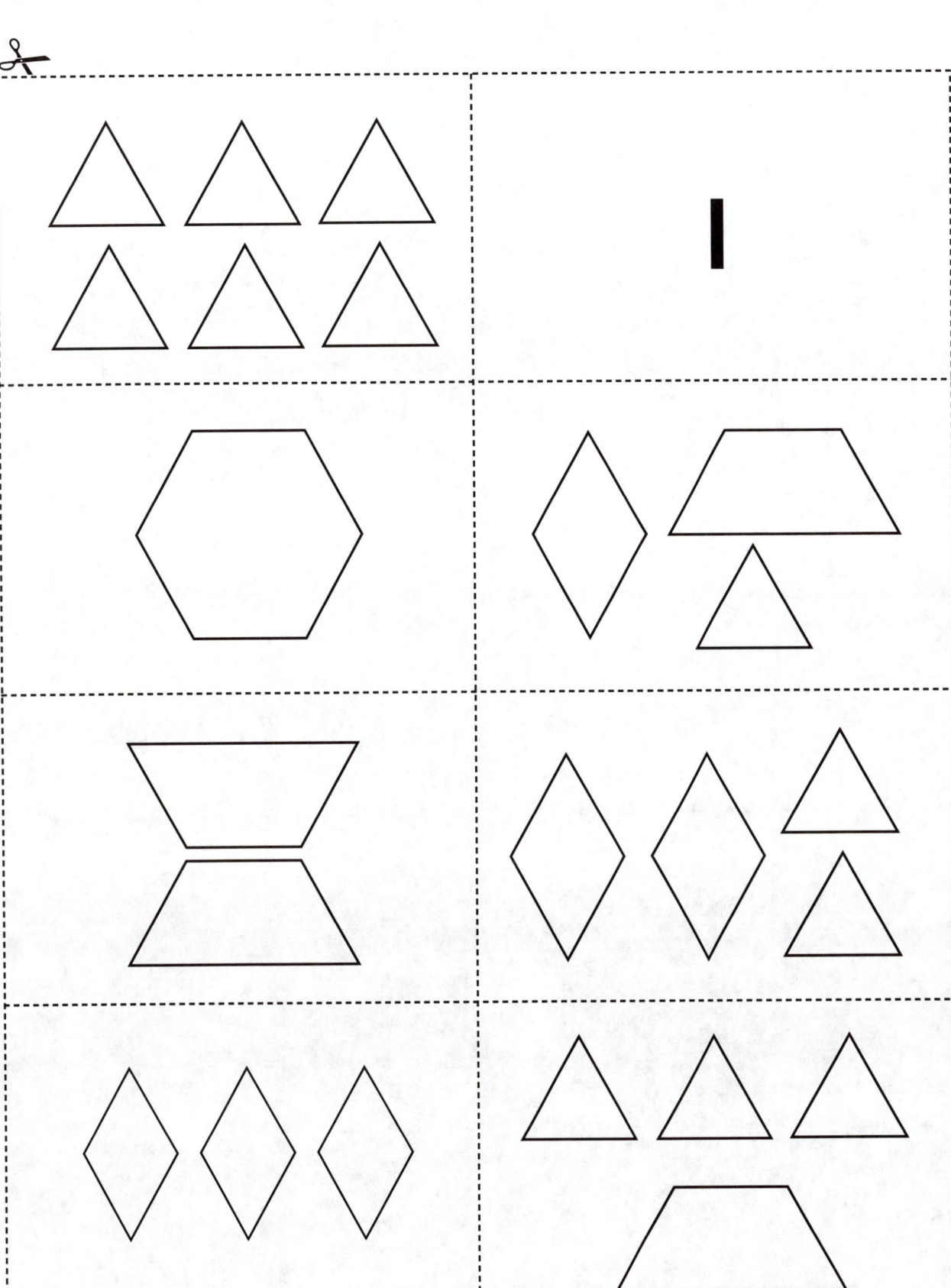

TEMA 2 Ecuaciones: En el principio . . .

treinta y tres **33**

Nombre _____

◇ △	4
◇ ◇	4
▱ △	5
△ △ △ △	5

TEMA 2 Ecuaciones: En el principio . . .

treinta y cinco **35**

Nombre _____

CONEXIÓN CON EL HOGAR: ENCONTRAR LA PIEZA QUE FALTA

Estimado padre o representante:

Su niño ha estado aprendiendo sobre ecuaciones. Ha estado practicando las diferentes maneras de hallar valores equivalentes en ambos lados de la ecuación. Lea las instrucciones en el reverso de esta página para ayudar a su niño a hallar los números que faltan en las ecuaciones.

TEMA 2 Ecuaciones: En el principio . . .

CONEXIÓN CON EL HOGAR: ENCONTRAR LA PIEZA QUE FALTA

◆ Lee cada una de las ecuaciones. A cada ecuación le falta un número. Encierra en un círculo la palabra que muestra qué parte de la ecuación falta. Después, halla el número que falta y vuelve a escribir la ecuación.

? = 6 + 3   (sumando)   suma   ___ + ___ = ___

? + 4 = 8   (sumando)   suma   ___ + ___ = ___

7 = 4 + ?   sumando   (suma)   ___ + ___ = ___

9 = ? + 1   sumando   (suma)   ___ + ___ = ___

2 + 4 = ?   sumando   suma   ___ + ___ = ___

Nombre _____

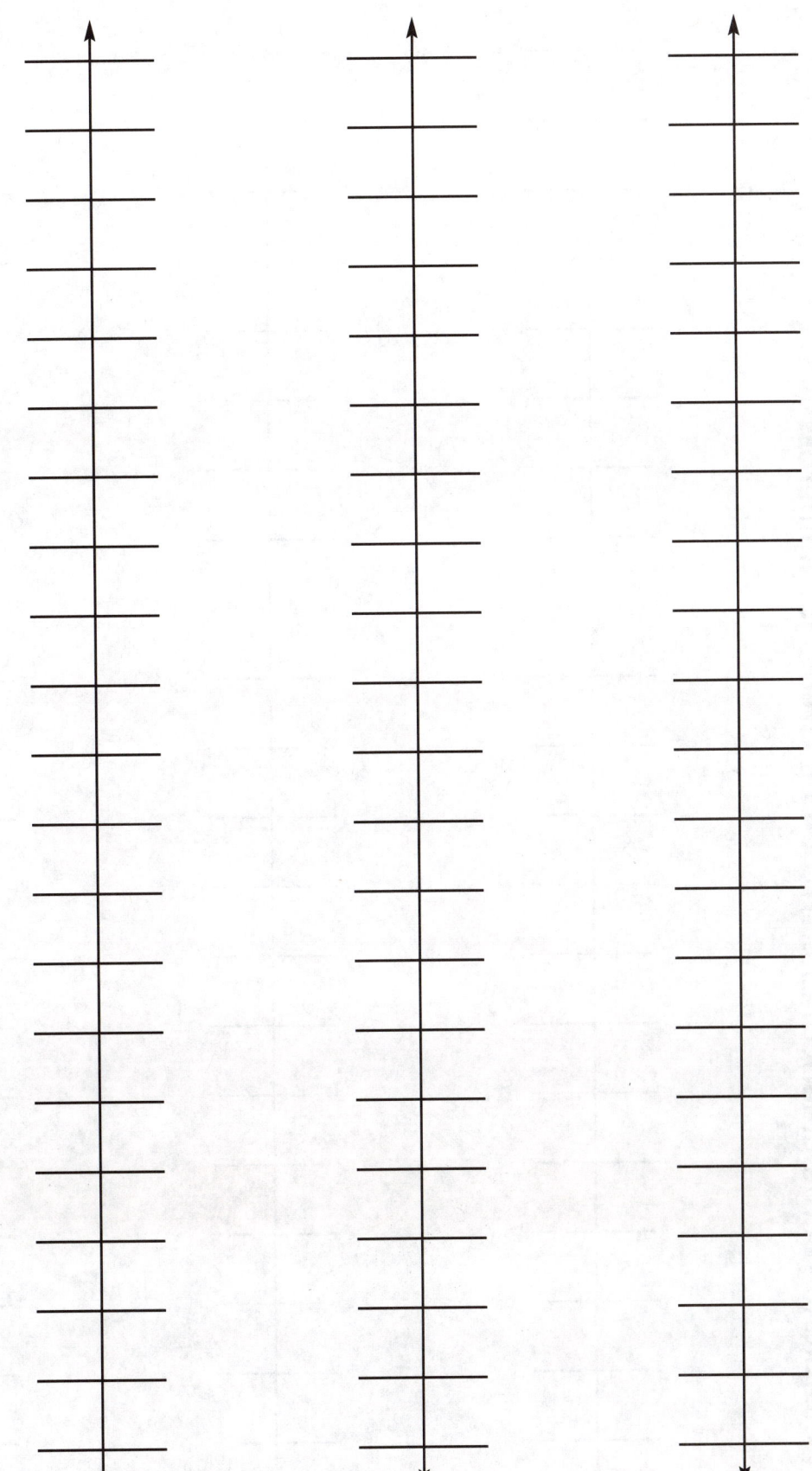

Una serie de lugares

NÚMEROS EN LA RECTA

TEMA 2 Una serie de lugares

treinta y nueve **39**

ROTULA LA RECTA

Rotula la recta numérica. Encierra en un círculo los números.

40 cuarenta

TEMA 2 Una serie de lugares

Nombre _____

USA LA RECTA

➡ Encierra en un círculo la oración que describe mejor la información de la recta numérica.

1.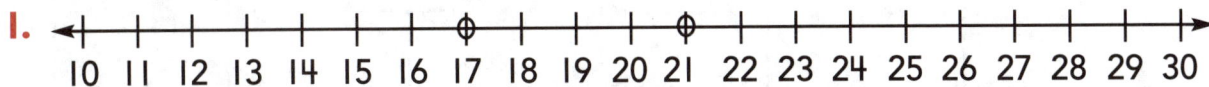

    17 es igual a 21   17 es mayor que 21   17 es menor que 21

➡ Rotula la recta numérica.
Completa las expresiones con > ó <.

2. Compara 25 y 60.

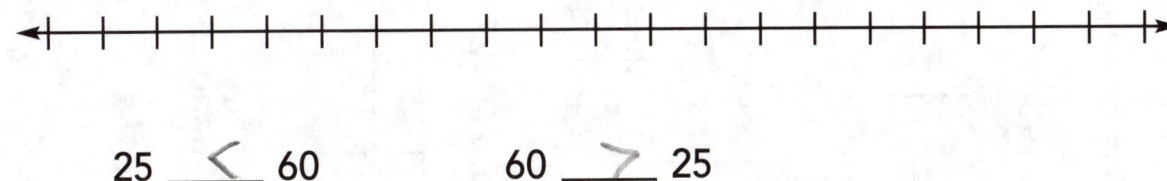

    25 __<__ 60   60 __>__ 25

3. Compara 84 y 32.

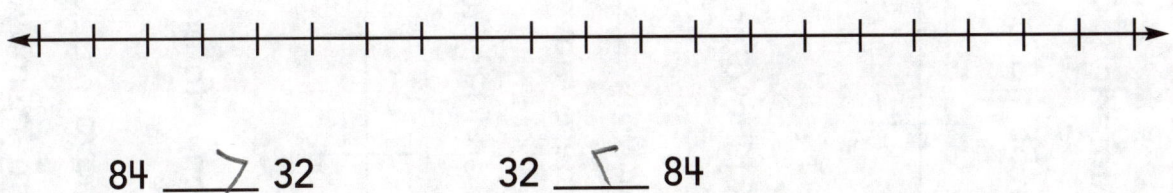

    84 __>__ 32   32 __<__ 84

4. Compara 58 y 729.

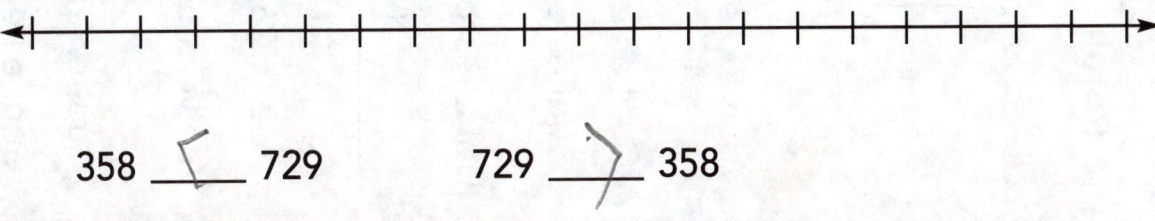

    358 __<__ 729   729 __>__ 358

MUÉSTRALO CON UNA RECTA

➤ **Rotula la recta numérica. Contesta las preguntas.**

Ubica estos números: 55, 155, 117, 79, 41, 148, 90, 137

30   40   50

Vuelve a escribir el conjunto en orden, de menor a mayor: _____

¿Cuál es el número mayor? _____   ¿Cuál es el número menor? _____

¿Cuál es el tercer número mayor? _____   ¿Cuál es el segundo número menor? _____

Ubica estos números en la recta numérica: 268, 276, 262, 270, 265

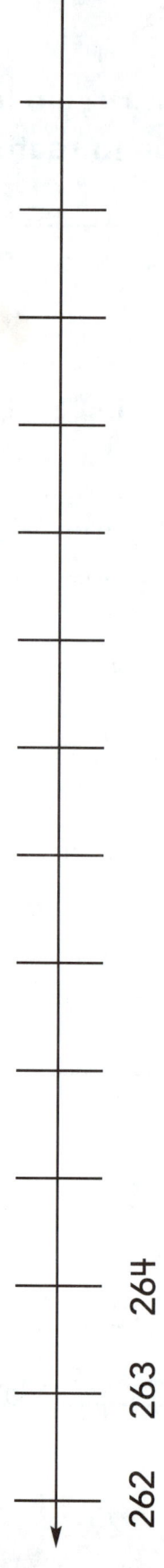

262   263   264

Vuelve a escribir el conjunto en orden, de menor a mayor: _____

¿Cuál es el número mayor? _____   ¿Cuál es el número menor? _____

¿Cuál es el cuarto número mayor? _____   ¿Cuál es el segundo número menor? _____

42 cuarenta y dos

TEMA 2 Una serie de lugares

Nombre _____

¿CUÁL ES TU RECTA?

▶ Encierra en un círculo la opción que describe mejor la recta numérica.

1.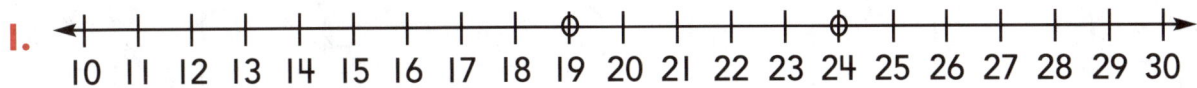

19 es igual a 24   19 es mayor que 24   ⟨19 es menor que 24⟩

2.

⟨9 + 4 y 9 − 4⟩   13 + 5 y 13 − 5   9 + 13 y 5 + 9

3.

⟨61 + 8 = 63 + 6⟩   61 − 12 > 63 − 8   61 + 12 = 63 + 8

4.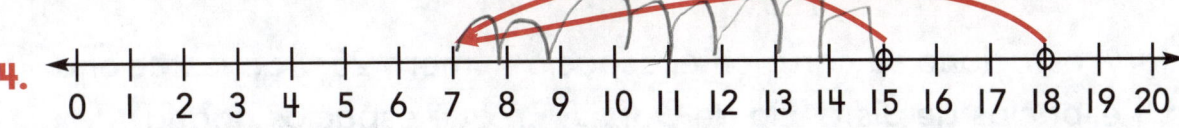

15 − 8 < 18 − 11   ⟨15 − 8 = 18 − 11⟩   15 + 8 = 18 + 11

TEMA 2 Una serie de lugares   cuarenta y tres **43**

¡PONTE EN POSICIÓN!

▶ **Lee el problema. Resuelve el problema y escribe las expresiones.**

Ben numeró los postes de la cerca que levantó. Cada poste está a 1 yarda de distancia del poste siguiente.

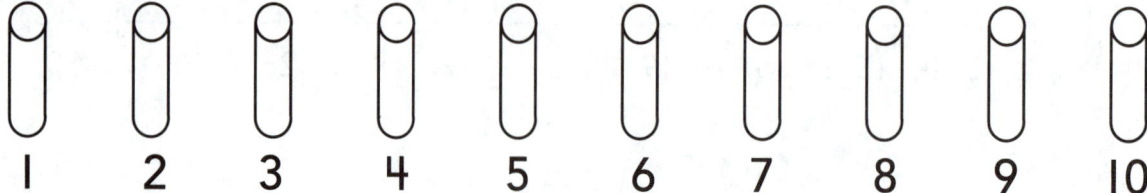

1. ¿Qué **dos** postes están a 2 yardas de distancia del poste 4?

    4 + 2 = 6   El poste 6 está a 2 yardas de distancia del poste 4.

2. ¿Qué **dos** postes están a 4 yardas de distancia del poste 5?

3. ¿Qué poste está a 3 yardas de distancia del poste 4 y del poste 10?

Los espacios de estacionamiento están numerados.

| 15 | 16 | 17 | 18 | 19 | 20 | 21 | 22 | 23 | 24 | 25 | 26 | 27 | 28 | 29 | 30 | 31 | 32 | 33 | 34 | 35 |

4. Daryl estaciona su carro en el espacio número 25. Jael estaciona a 4 espacios de distancia de Daryl. ¿En qué espacios podría estacionar Jael su carro?

Nombre _____

ME GUSTARÍA ORDENAR UN NÚMERO

➡ Usa el conjunto de números para contestar las preguntas que siguen. Usa tu recta numérica como ayuda.

Nombre	Carlos	Mandie	Kevin	Genifer	Lisa	Joanie
Edad	37	43	24	34	47	32

1. Las seis personas están alineadas desde la más joven hasta la mayor. ¿Quién es el 1.º en la recta?

2. ¿Quién es el último en la recta?

3. Joanie es la 2.ª en la recta. ¿Quién está detrás de Genifer?

Competencia de matemáticas del Sr. Prime							
Alumno	Ángel	Bill	Carl	Jen	Lex	Mel	Opal	Teal
Número de puntos	556	456	544	565	454	595	552	465

4. El alumno con más puntos ganó el 1.er lugar. ¿Qué alumno quedó 2.º?

5. ¿En qué lugar terminó Lex?

6. Bill terminó en 7.º lugar. ¿Cuántos alumnos sacaron más puntos que Bill?

TEMA 2 Una serie de lugares

¿CUÁL ES TU TALLA?

➡ Lee cada problema. Escribe la oración numérica con que se contesta la pregunta. Escribe >, < ó = en la oración numérica. Después, usa palabras para escribir un enunciado que conteste la pregunta. El primer ejercicio ya está resuelto.

1. Nel tiene 24 años. Marc tiene 42 años. Stephan tiene 34 años. ¿Quién es mayor, Marc o Nel?

   24 < 42 ó 42 > 24   Marc es mayor.

2. Martel tiene 76 soldados de juguete. Harold tiene 69 soldados de juguete y 65 tarjetas de béisbol. ¿Quién tiene más soldados de juguete?

3. Javier mide 123 centímetros de altura. Venna mide 132 centímetros de altura. Venna tiene 14 años. ¿Quién es más alto, Venna o Javier?

4. El tigre siberiano pesa 667 libras. El oso polar pesa 676 libras. La cebra montañesa pesa 676 libras. ¿Cuáles son los dos animales que pesan lo mismo?

5. Ellie tenía 5 monedas de 10¢ y su padre le dio 8 más. Jewel tenía 7 monedas de 10¢ y su hermano le dio 7 más. ¿Quién tiene más monedas de 10¢, Ellie o Jewel?

Nombre _____

CONEXIÓN CON EL HOGAR: MARCA LAS MILLAS

Estimado padre o representante:

Su niño está aprendiendo a usar una recta numérica para resolver problemas y entender conceptos de valores relativos. Lea las instrucciones para el ejercicio en el reverso de esta página y ayude a su niño a completar la página.

TEMA 2 Una serie de lugares

CONEXIÓN CON EL HOGAR: MARCA LAS MILLAS

▲ **Cada marca de la calle sin salida es un marcador de millas. Esto significa que hay una milla desde una marca hasta la siguiente. Usa la recta numérica para contestar las preguntas.**

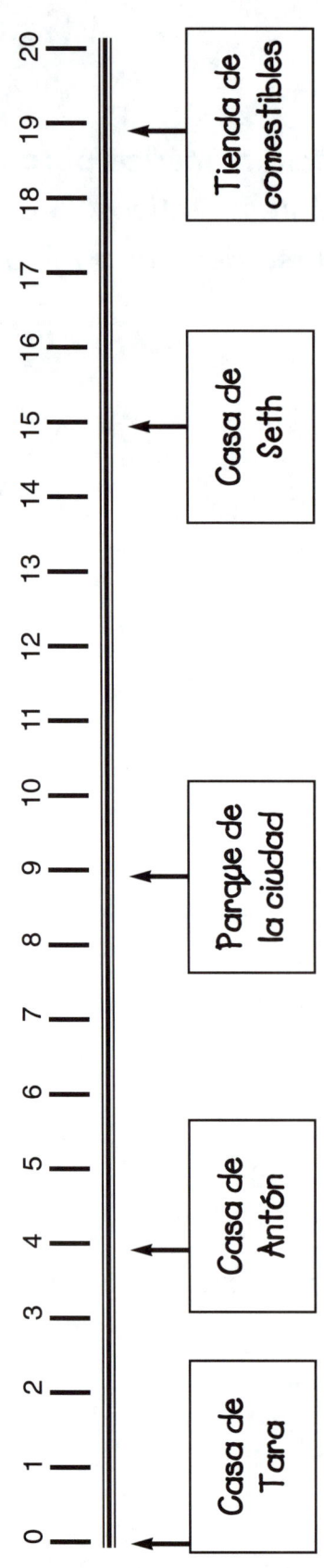

1. Tara fue en bicicleta desde su casa hasta la casa de Antón y hasta la tienda de comestibles. Escribe una oración numérica que muestre esto.

   _____

2. El zoológico queda a tres millas del parque de la ciudad. Escribe dos oraciones numéricas que muestren en qué marcador de millas podría encontrarse el zoológico.

   _____

3. Seth y Antón se encuentran en el parque de la ciudad. ¿Quién tiene que recorrer un trayecto más largo?

   _____

TEMA 2 Una serie de lugares

Un asunto de familia

MÁS DE UNA MANERA

1. Escribe cuatro problemas de suma con los números 3, 8 y 11.

   _____

2. Escribe cuatro problemas de resta con los números 15, 30 y 45.

   _____

3. ¿Qué número completaría esta familia de operaciones? 8, 10

   _____

4. Escribe ocho ecuaciones diferentes con los números 5, 20 y 25.

   _____

   _____

5a. Encierra en un círculo tres números del grupo de abajo que podrían formar una familia de operaciones.

   19,   20,   21,   38,   40,   42

b. Usa los números encerrados en círculos para escribir cuatro problemas de suma diferentes y cuatro problemas de resta diferentes.

   _____

   _____

TEMA 2 Un asunto de familia

TARJETAS DE NÚMEROS DE FAMILIAS DE OPERACIONES

3	6	9	7	7
14	12	20	32	8
22	30	10	15	25
16	4	20	4	6
10	30	20	50	17
3	20	37	11	48
3	4	7	10	3
13	8	8	16	

TEMA 2 Un asunto de familia

Nombre _____

CUENTOS FAMILIARES

Banco de ecuaciones

$10 - 7 = 3$	$20 + 30 = 50$	$17 - 7 = 10$
$13 = 7 + 6$	$23 = 10 + 13$	$17 = 10 + 7$
$10 = 7 + 3$	$30 = 50 - 20$	$6 = 13 - 7$

➡ **Escribe la ecuación del banco de ecuaciones para los siguientes problemas en forma de cuento.**

1. La madre de Sally hizo 10 sándwiches para el picnic. Siete de ellos eran de jamón y pavo. ¿Cuántos de los sándwiches no eran de jamón y pavo?

   _____

2. En la colección de tarjetas de Lamarque hay tarjetas de fútbol y tarjetas de béisbol. Tiene 10 tarjetas de béisbol y 13 tarjetas de fútbol. ¿Cuántas tarjetas hay en su colección?

   _____

3. Cincuenta corredores empezaron el maratón el sábado. Veinte de ellos se retiraron de la carrera antes de terminar. ¿Cuántos corredores terminaron la carrera?

   _____

4. En la mesa de la fiesta de cumpleaños de Abby hay siete regalos. Llegan seis invitados más y cada uno deja un regalo sobre la mesa para Abby. ¿Cuántos regalos de cumpleaños hay en la mesa ahora?

   _____

TEMA 2 Un asunto de familia

➡️ **Termina los cuentos de manera que se correspondan con la ecuación.**

5. Ecuación: 17 = 11 + 6

La madre de Jordan necesitaba 17 meriendas para el día de la excursión. Ella compró dos tipos de meriendas. Once de las meriendas eran de chocolate y . . .

_____

6. Ecuación: 50 − 35 = 15

Había 50 carros en el estacionamiento a las 4:00 p.m. Durante la hora siguiente se fueron 35 carros y . . .

_____

7. Ecuación: 42 − 10 = 32

Hay cuarenta y dos piñas en el suelo.

_____

_____

8. Ecuación: 8 + 24 = 32

Quedaron 8 botellas de refresco en el estante del mercadito.

_____

_____

EXTRA: Escribe un problema en forma de cuento para que se corresponda con esta familia de operaciones: 8, 4, 12.

Nombre _____

CONEXIÓN CON EL HOGAR: TODO EN FAMILIA

Estimado padre o representante:

Su niño está aprendiendo sobre operaciones de suma y de resta relacionadas y el concepto de operaciones inversas. Lea las instrucciones en el reverso de esta página para ayudar a su niño a completar las ecuaciones.

TEMA 2 Un asunto de familia

CONEXIÓN CON EL HOGAR: TODO EN FAMILIA

◆ **Resuelve. Después, escribe oraciones de suma y de resta relacionadas usando los mismos tres números.**

1. 15 − 6 = ☐

   ☐ + ☐ = ☐
   ☐ − ☐ = ☐
   ☐ + ☐ = ☐

2. 6 + 7 = ☐

   ☐ − ☐ = ☐
   ☐ + ☐ = ☐
   ☐ − ☐ = ☐

3. 14 − 8 = ☐

   ☐ + ☐ = ☐
   ☐ − ☐ = ☐
   ☐ + ☐ = ☐

4. 8 + 4 = ☐

   ☐ − ☐ = ☐
   ☐ + ☐ = ☐
   ☐ − ☐ = ☐

TEMA 2 Un asunto de familia

Nombre _____

Marcos giratorios

¡EL JUEGO DE LOS MARCOS GIRATORIOS!

Materiales para el juego: un par de dados, manipulables de base 10, un lápiz

➡ Lanza los dados y escribe la suma. Calcula tu nuevo total. Dibuja una imagen de tu nuevo modelo de base 10. Escribe en palabras tu nueva puntuación.

Túrnate con tu compañero hasta que una persona llegue a una puntuación de 1 marco, ó "100".

Jugador	Suma de los dados	Nuevo total	Dibujo de los modelos de base 10	Nombre en palabras
Ejemplo	11	11 + 0 = 11	| □	once
Jugador 1				
Jugador 2				
Jugador 1				
Jugador 2				

TEMA 2 Marcos giratorios

Jugador 1				
Jugador 2				
Jugador 1				
Jugador 2				
Jugador 1				
Jugador 2				
Jugador 1				
Jugador 2				
Jugador 1				
Jugador 2				

Nombre _____

¿SABES TUS NÚMEROS?

➡ Escribe el número para cada modelo de abajo.

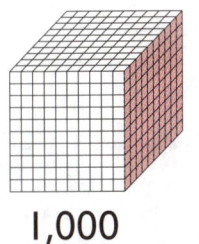   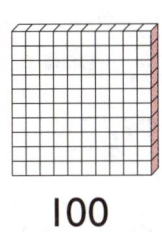   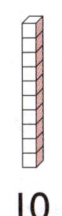

1,000   100   10   1

1. 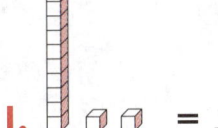 = _____   2. 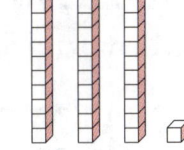 = _____

3. 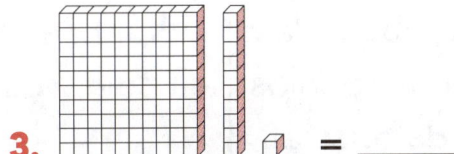 = _____   4. 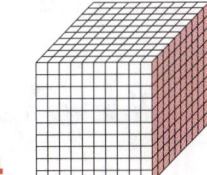 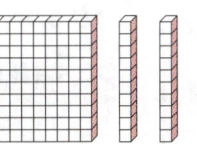 = _____

➡ Escribe en palabras cada uno de los siguientes números:

5. 28 _____

6. 61 _____

7. 153 _____

8. 672 _____

9. 99 _____

➡ Escribe los números para cada uno de los siguientes números en palabras:

10. setenta y siete _____   11. trece _____

12. cuatrocientos once _____

13. setecientos noventa _____

TEMA 2 Marcos giratorios   cincuenta y nueve **59**

CONEXIÓN CON EL HOGAR: MARCOS GIRATORIOS EN LA CASA

Estimado padre o representante:

Su niño está aprendiendo diferentes maneras de mostrar el mismo número. Lean las instrucciones juntos y ayúdelo a completar la página.

Materiales para el juego: un par de dados, manipulables de base 10, un lápiz

➡ **Lanza los dados y escribe la suma. Calcula tu nuevo total. Dibuja una imagen de tu nuevo modelo de base 10. Escribe en palabras tu nueva puntuación.**

Túrnate con un familiar o un amigo hasta que una persona llegue a una puntuación de 1 marco, ó "100".

Jugador	Suma de los dados	Nuevo total	Dibujo de los modelos de base 10	Nombre en palabras
Ejemplo	11	$\begin{array}{r}11\\+\ 0\\\hline 11\end{array}$		once
Jugador 1				
Jugador 2				
Jugador 1				
Jugador 2				

Nombre _____

El saltador

CONTAR SALTEADO

➡ Llena los espacios que faltan en las tablas.

Contar de 1 en 1	
Siete más	122
Número inicial	115
Tres menos	112

Contar de 5 en 5	
Cinco más	
Número inicial	45
Cinco menos	

Contar de 25 en 25	
25 más	
Número inicial	50
25 menos	

Contar de 100 en 100	
200 más	
Número inicial	300
200 menos	

Contar de 3 en 3	
3 más	
Número inicial	9
3 menos	

Contar de 50 en 50	
150 más	
Número inicial	100
50 menos	

Contar de 3 en 3	
9 más	
Número inicial	12
6 menos	

Contar de 5 en 5	
15 más	
Número inicial	31
15 menos	

TEMA 2 El saltador

CONTAR SALTEADO EN UNA RECTA NUMÉRICA

➤ Llena los espacios en blanco de la recta numérica.
Escribe el número que usaste para contar salteado.

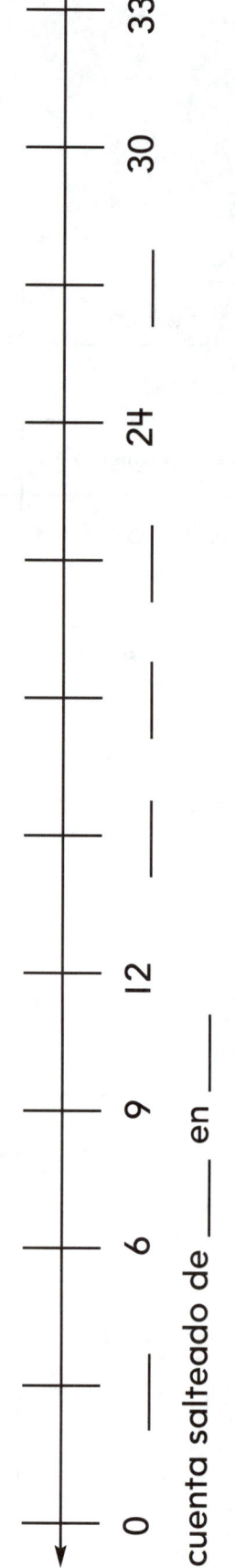

0, ___, 6, 9, 12, ___, ___, ___, 24, ___, 30, ___, 33

cuenta salteado de ___ en ___

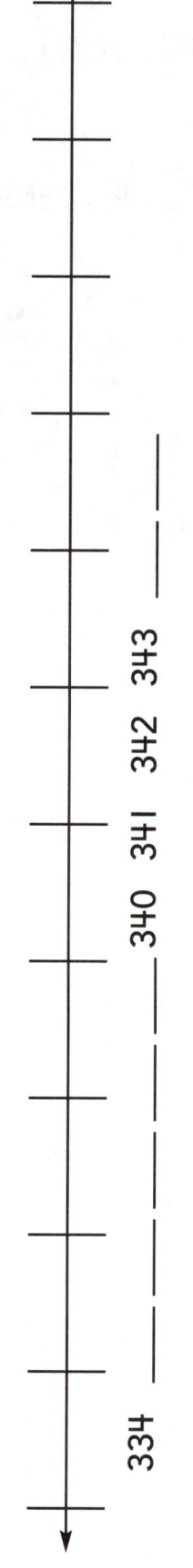

334, ___, ___, ___, ___, 340, 341, 342, 343

cuenta salteado de ___ en ___

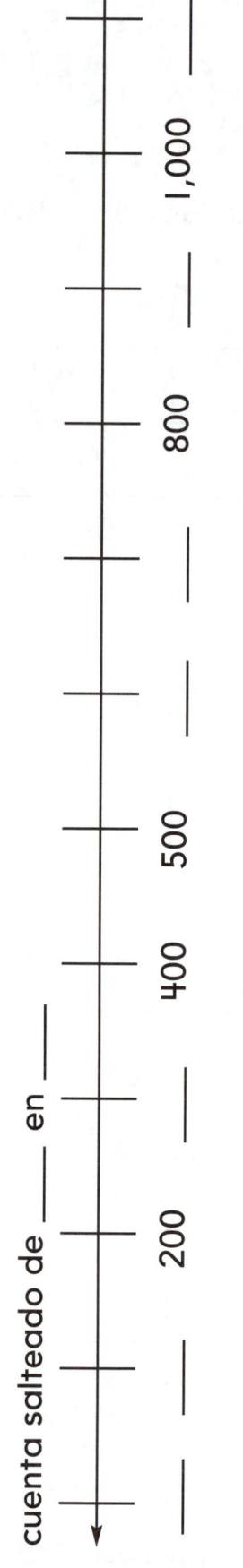

___, ___, 200, ___, 400, 500, ___, ___, 800, ___, ___, 1,000

cuenta salteado de ___ en ___

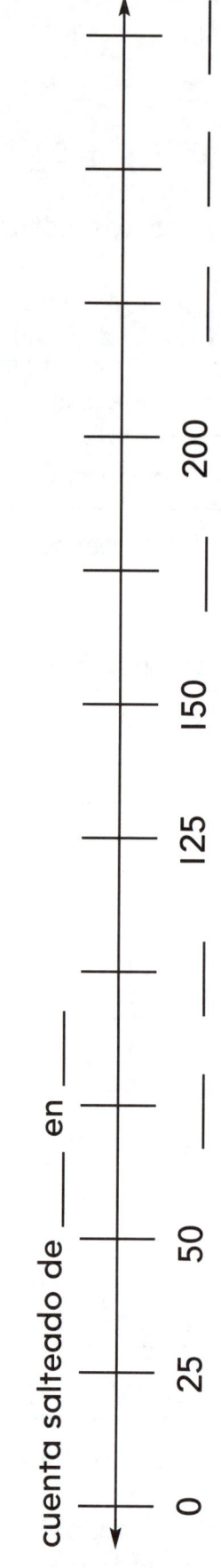

0, 25, 50, ___, ___, 125, 150, ___, ___, 200

cuenta salteado de ___ en ___

Nombre _____

CONEXIÓN CON EL HOGAR: LANZAR Y SALTAR

Estimado padre o representante:

Su niño está aprendiendo sobre patrones de contar salteado, que es una manera de prepararse para la multiplicación. Este juego ayudará a su niño a ampliar su comprensión de contar salteado.

➡ **Materiales necesarios: 1 dado, 1 lápiz**

Completa la tabla de abajo. Para cada prueba tendrás que lanzar el dado dos veces. Tu primer lanzamiento te da el número que usarás para contar salteado. Escribe ese número en la columna Lanzamiento #1. El segundo lanzamiento te dará el número en el que empezarás. Escribe ese número en la columna marcada Lanzamiento #2. Cuenta salteado para completar la prueba. La primera prueba ya está resuelta. En esa prueba, el primer lanzamiento fue un 3 y el segundo lanzamiento fue un 2, de manera que la persona contó salteado de 3 en 3, empezando en el 2.

	Lanzamiento #1 Cuenta salteado este número	Lanzamiento #2 Empieza a contar salteado desde este número	2.º número	3.er número	4.º número	5.º número
Prueba 1	3	2	5	8	11	14
Prueba 2						
Prueba 3						
Prueba 4						

TEMA 2 El saltador

	Lanzamiento #1 Cuenta salteado este número	Lanzamiento #2 Empieza a contar salteado desde este número	2.º número	3.er número	4.º número	5.º número
Prueba 5						
Prueba 6						
Prueba 7						
Prueba 8						

Nombre _____

El dinero de Moe

¿CUÁNTO?

➡ Escoge dos de tus tarjetas de fichero para completar cada tabla. Escribe cada artículo y la cantidad que cuesta. Suma para ver cuánto dinero has gastado en total. El primer ejercicio ya está resuelto.

Artículo	Costo
Papitas	$ 1.89
Jugo	$ .50
Total	$2.39

Artículo	Costo
Total	

Artículo	Costo
Total	

Artículo	Costo
Total	

TEMA 2 El dinero de Moe

sesenta y cinco **65**

TARJETAS DE MONEDAS DE MOE

TEMA 2 El dinero de Moe

TARJETAS PARA EMPAREJAR CON MONEDAS

moneda de 1¢	moneda de 5¢	moneda de 10¢	moneda de 25¢
1¢	5¢	10¢	25¢
un centavo	cinco centavos	diez centavos	veinticinco centavos

TEMA 2 El dinero de Moe

CONEXIÓN CON EL HOGAR: CONTAR LAS MONEDAS

Estimado padre o representante:

Su niño está aprendiendo sobre el dinero y las diferentes maneras de representar el mismo valor (menor de un dólar) con diferentes combinaciones de monedas. Lea las instrucciones en el reverso de esta página para ayudar a su niño a completar los problemas. Dígale que no se preocupe si los círculos que dibuja no son del tamaño correcto. Explíquele que la etiqueta indica cuánto vale cada moneda.

TEMA 2 El dinero de Moe

CONEXIÓN CON EL HOGAR: CONTAR LAS MONEDAS

➡ **Mira el precio de cada artículo. Dibuja 2 combinaciones diferentes de las monedas para mostrar la misma cantidad. El primero ya está resuelto.**

1. Barrita de chocolate 55¢ (25¢) (25¢) (5¢)	(25¢) (10¢) (10¢) (10¢)
2. Superpelota 25¢	
3. Barco de juguete 47¢	
4. Canicas 98¢	

72 setenta y dos

TEMA 2 El dinero de Moe

Ponlos juntos

LANZAR A MENOS

Números que salieron   Decenas   Unidades

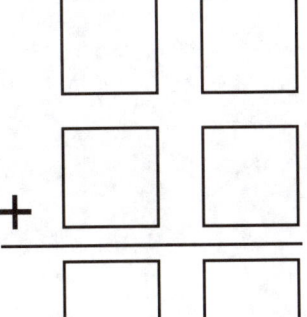

Números que salieron   Decenas   Unidades

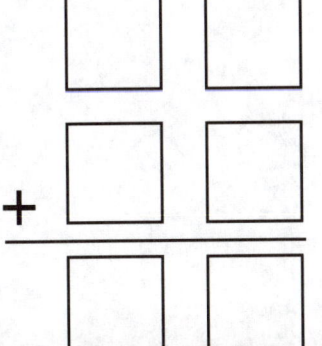

Números que salieron   Decenas   Unidades

TEMA 2 Ponlos juntos

DECENAS Y UNIDADES

TEMA 2 Ponlos juntos

setenta y cinco **75**

Nombre _____

SUMAR DECENAS Y UNIDADES

3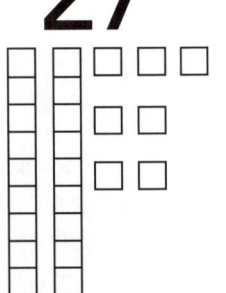
27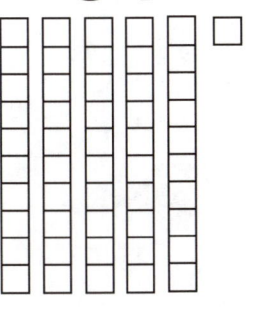
51

20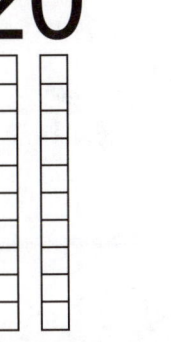
6
65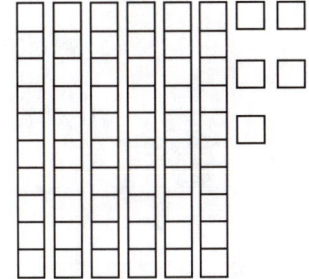

33
30
42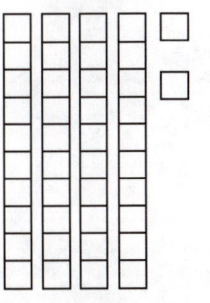

TEMA 2 Ponlos juntos

setenta y siete **77**

Nombre _____

CONEXIÓN CON EL HOGAR: EL JUEGO DE LANZAR A MENOS

Estimado padre o representante:

Su niño está aprendiendo a usar modelos como ayuda para resolver problemas de suma. Su niño ha practicado en la escuela un juego que usted puede jugar con él en la casa. Use un dado o un cubo numérico para generar números. El objetivo del juego es terminar con el número más bajo posible.

Éstas son las reglas del juego:

1. Túrnense para lanzar el cubo numérico. Anote el número que sale cada vez.

2. Hablen sobre la manera de escribir estos 4 dígitos en los 4 espacios que hay en el problema para que la suma sea la más baja posible.

3. Hallen y anoten la suma.

4. Completen 6 problemas. Después, pida a su niño que encierre en un círculo el problema que tenga la suma más baja.

CONEXIÓN CON EL HOGAR: EL JUEGO DE LANZAR A MENOS

Números que salieron

Números que salieron

Números que salieron

Números que salieron

Números que salieron

Números que salieron

Nombre _____

Suma de diferentes maneras

HAY REALMENTE MÁS DE UNA MANERA DE SUMAR

➡ Usa la "suma de izquierda a derecha" en los problemas 1 a 6.

1. 25
   +85
   ―――
   110

2. 92
   +49
   ―――
   141

3. 31
   +99
   ―――
   130

4. 77
   +78
   ―――
   155

5. 45
   +86
   ―――
   132

6. 73
   +37
   ―――
   110

➡ Usa el método de "sumas parciales" en los problemas 7 a 12.

7. 89
   +45
   ―――
   134

8. 27
   +45
   ―――
   72

9. 45
   +31
   ―――
   76

10. 41
   +24
   ―――
   65

11. 27
   +24
   ―――
   51

12. 57
   +26
   ―――
   83

➡ ¡Escoge tu método!

13. 86 + 13 = 99

14. 92 + 29 = 121

15. 34 + 67 = 101

TEMA 2 Suma de diferentes maneras

TARJETAS DIGITALES

→ Recorta las Tarjetas de dígitos de la parte de abajo de la página 83. Mezcla las tarjetas y colócalas boca abajo en una pila. El jugador 1 levanta una tarjeta y escribe el número en uno de los rectángulos del problema 1. El jugador 2 levanta una tarjeta y escribe el número en un rectángulo vacío del problema 1. Sigan turnándose hasta que llenen todos los rectángulos.

→ Usa la "suma de izquierda a derecha" en los problemas 1 a 4.

1.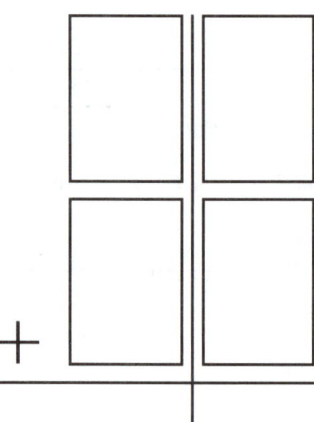

2.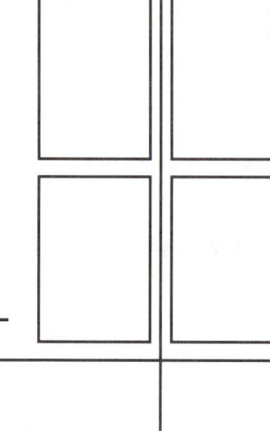

3.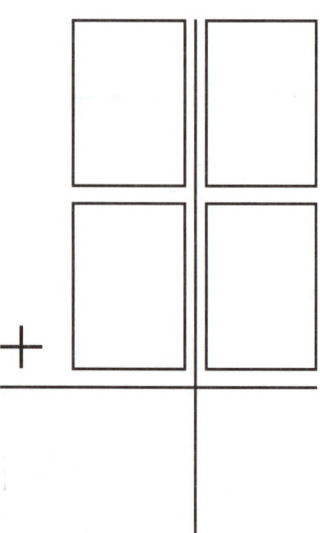

4.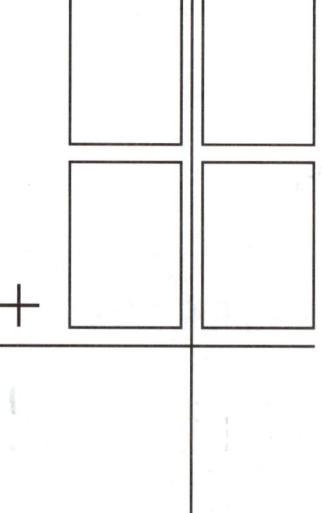

TEMA 2 Suma de diferentes maneras

Nombre _____

➡ Usa "sumas parciales" en todos los problemas de esta página.

5.

6.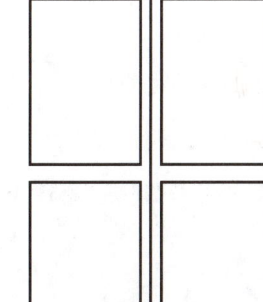

7.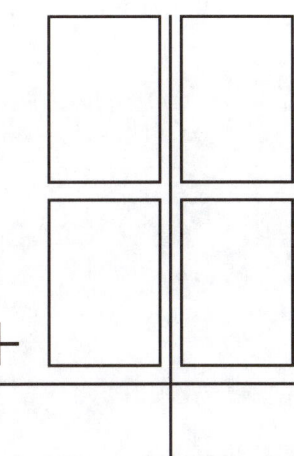

8.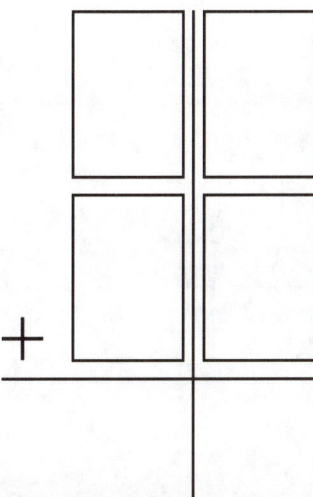

Tarjetas de dígitos

➡ **Recorta las tarjetas de dígitos.
¡Ten cuidado al cortar!**

✂ | 1 | 2 | 3 | 4 | 5 | 6 | 7 | 8 | 9 |

TEMA 2 Suma de diferentes maneras

ochenta y tres **83**

CONEXIÓN CON EL HOGAR: DÉJAME MOSTRARTE ALGUNAS MANERAS

Estimado padre o representante:

Su niño está aprendiendo diferentes métodos o algoritmos para sumar y restar. Aprender a resolver problemas usando más de un método hace que a los niños les resulte más fácil entender los conceptos básicos y les permite la flexibilidad de elegir el algoritmo que se adapte mejor a un problema específico. Lea las instrucciones en el reverso de esta página para ayudar a su niño a completar la página.

TEMA 2 Suma de diferentes maneras

CONEXIÓN CON EL HOGAR: DÉJAME MOSTRARTE ALGUNAS MANERAS

→ Mira las dos maneras de sumar. Resuelve el problema. Después, escribe dos problemas nuevos y resuélvelos.

1. Sumas parciales: Suma los números de cada columna. Después, suma las sumas parciales.

	Ejemplo:	¡Prueba uno!	¡Escribe uno!
	38	43	
	+ 56	+ 38	
1.°: Suma decenas.	80		
2.°: Suma unidades.	+ 14		
Suma las sumas parciales.	94		

2. Suma de izquierda a derecha: Empezando por la izquierda, suma columna por columna; después, ajusta el resultado.

	Ejemplo:		¡Prueba uno!		¡Escribe uno!
	3	8	2	7	
	+ 5	6	+ 7	6	
1.°: Suma.	8	14			
2.°: Ajusta las unidades y las decenas.	9	4			

TEMA 3

Geomedidas I

Nombre _____

Dame diez

MEDIDAS DEL SISTEMA MÉTRICO

Nombre del artículo	Unidad usada	Estimación	Medida real
Altura de una silla	Centímetros	30 cm	45 cm

TEMA 3 Dame diez

Nombre del artículo	Unidad usada	Estimación	Medida real

CONEXIÓN CON EL HOGAR: MEDIDAS DEL SISTEMA MÉTRICO

Estimado padre o representante:

Su niño está aprendiendo a estimar y a medir longitudes usando unidades métricas. Si no tiene una regla o cinta métrica, ayúdelo a hacer una. Corte las piezas de abajo y únalas con cinta adhesiva, de manera que cuando termine, la cinta se lea desde 1 hasta 100 centímetros. Después, ayude a su niño a medir en su casa cinco artículos que se puedan medir sin dificultad en centímetros. Pídale que anote en un papel cada artículo y su medida redondeando al centímetro más cercano, y que lo lleve a la clase.

TEMA 3 Dame diez

CONEXIÓN CON EL HOGAR: UNIDADES DEL SISTEMA MÉTRICO

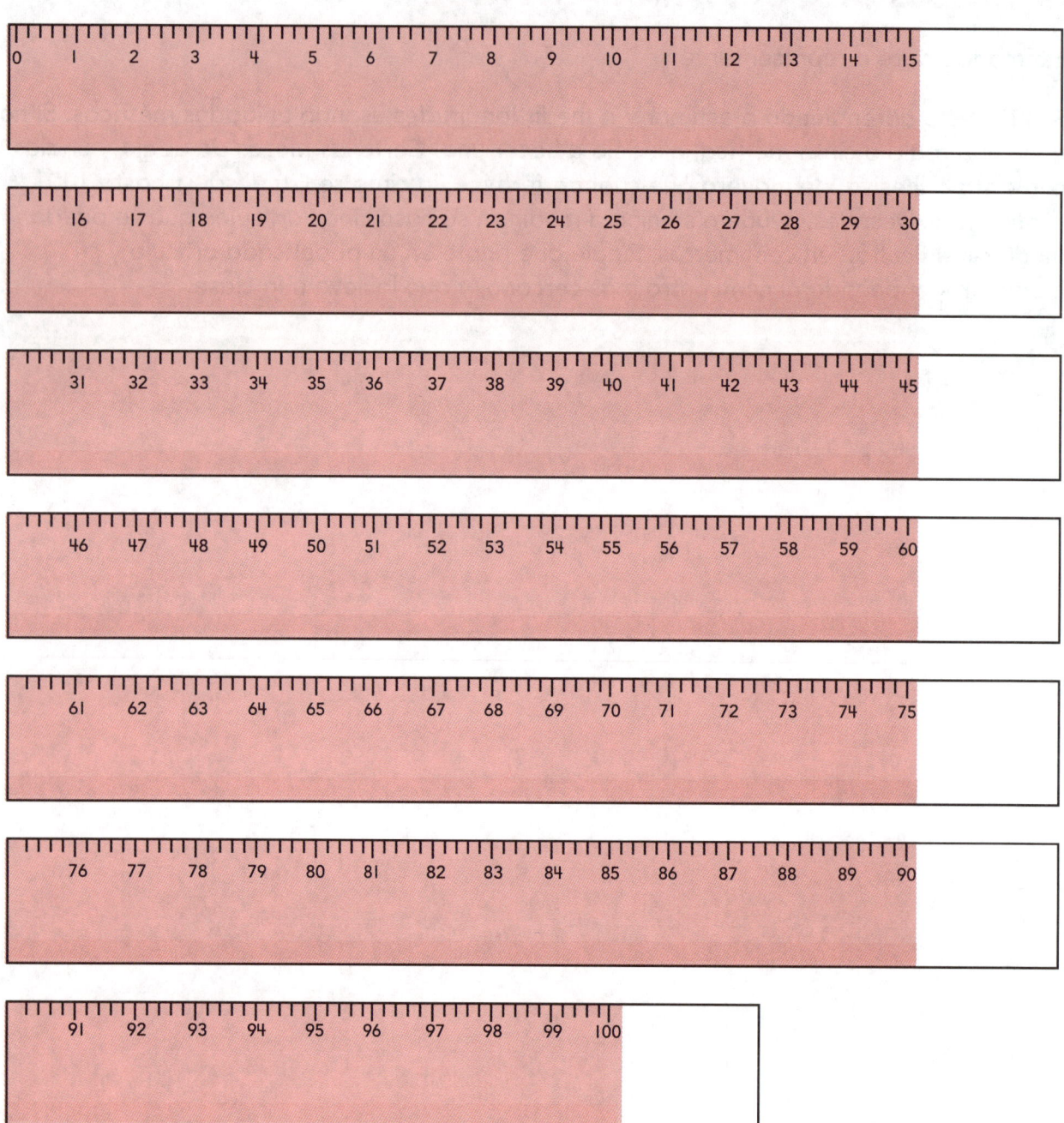

92 noventa y dos

TEMA 3 Dame diez

Cuentos de peces

HORA DE MEDIR

Nombre del artículo	Unidad que se usó	Estimación	Medida real
Anchura del escritorio	Pulgadas	12 pulgadas	26 pulgadas

MEDIDAS DE PECES

Número del pez	Medida del pez

1. El pez más largo que se pesque gana el premio mayor del torneo. ¿Qué pez de tu tabla ganaría el premio mayor?

2. El guardabosques ordenó a los pescadores que devolvieran todos los peces que midieran menos de 2 pies de largo. ¿Qué peces de tu tabla tendrían que devolverse?

3. ¿Cuál es el segundo pez más pequeño que mediste?

TEMA 3 Cuentos de peces

CONEXIÓN CON EL HOGAR: CAZA DE ESTIMACIONES

Estimado padre o representante:

Su niño ha estado aprendiendo a estimar y a medir longitudes. Lean juntos las instrucciones del ejercicio que hay en el reverso de esta página y ayude a su niño a completar la página. Después, dígale que traiga la página a la clase para comentarla con sus compañeros.

CONEXIÓN CON EL HOGAR: CAZA DE ESTIMACIONES

➡ **Estima la longitud de algunos objetos de tu casa. Completa la tabla escribiendo el nombre de cada artículo en el espacio correspondiente.**

Artículos más largos que una pulgada pero más cortos que un pie	Artículos que miden aproximadamente un pie

Artículos más largos que un pie pero más cortos que una yarda	Artículos más largos que una yarda

TEMA 3 Cuentos de peces

Nombre _____

Ir más lejos

HOJA DE MEDIDAS: UNIDADES ANGLOAMERICANAS

¿Qué medimos?	¿Qué unidad utilizamos? pulgadas, pies o yardas	Estimación	Medida

TEMA 3 Ir más lejos

HOJA DE MEDIDAS: UNIDADES DEL SISTEMA MÉTRICO

¿Qué medimos?	¿Qué unidad utilizamos? centímetros, metros	Estimación	Medida

Nombre _____

¿QUÉ UNIDAD PUEDO USAR?

➡ Encierra en un círculo la mejor unidad.

Tipo de medida	Unidad del sistema métrico	Unidad angloamericana
Ejemplo: Longitud de un buque crucero	metros o kilómetros	pulgadas o yardas
Longitud del zapato	metros o centímetros	pulgadas o pies
Altura desde el piso hasta el techo	centímetros o decímetros	millas o pies
Distancia desde mi casa hasta el Polo Norte	kilómetros o decímetros	yardas o millas
Longitud del cepillo de dientes	centímetros o metros	millas o pulgadas
Distancia desde la escuela hasta el Sol	centímetros o kilómetros	pies o millas
Longitud de mi brazo	metros o centímetros	pulgadas o yardas
Longitud de un campo de fútbol	decímetros o metros	yardas o pulgadas

TEMA 3 Ir más lejos

DÉJAME HABLARTE DE LA DISTANCIA

➡ Usa las palabras de la caja de vocabulario para llenar los espacios del cuento. Usa una palabra del sistema métrico que se muestra debajo de la línea.

Vocabulario

centímetros   decímetros   metros
kilómetros   pulgadas   pies   yardas   millas

El paseo en bicicleta

Dhara y su padre salieron en sus bicicletas. Recorrieron 4 _____ cada fin de semana. Estaban a tan sólo 300
(angloamericana)

_____ de la casa y Dhara se detuvo. "¡Mira, papi!", dijo
(métrica)

Dhara, señalando el suelo. Había una culebra verde de unas 2

_____ de largo en el sendero. El padre sonrió y señaló un
(angloamericana)

pequeño agujero a unas 3 _____ de distancia. Tenía
(angloamericana)

solamente 6 _____ de ancho. "Me parece que ésa es su
(métrica)

casa", dijo el padre. Dhara se sentó y observó mientras la culebra se arrastraba hacia el agujero. Cuando estuvo a unos 2 _____
(métrica)

de distancia del agujero, se detuvo. Se dio vuelta para mirar a Dhara y sacó la lengua. ¡Medía cerca de 3 _____ de largo!
(angloamericana)

CONEXIÓN CON EL HOGAR: HOJA DE LAS MEDIDAS DEL HOGAR

Estimado padre o representante:

Su niño está aprendiendo a estimar y medir con diferentes clases de unidades. También ha practicado la medición con unidades angloamericanas, como pulgadas, pies y yardas, y con unidades métricas, como centímetros y metros. Ayúdelo a encontrar cinco cosas para medir en casa, usando uno de estos sistemas de medida. Podría medir la altura de una puerta, la longitud de una mesa o la anchura de una habitación. Dígale que elija primero la unidad y estime la longitud. Después, ayúdelo a medir y anotar toda la información en la tabla, y dígale que la lleve a la escuela.

TEMA 3 Ir más lejos

CONEXIÓN CON EL HOGAR: HOJA DE LAS MEDIDAS DEL HOGAR

¿Qué medimos?	¿Qué unidad podemos utilizar?	Estimación	Medida

Nombre _____

Te daré una referencia...

ESTIMACIONES CON PERSONAS

➡ Estima la longitud de cada objeto usando la referencia que hay junto al mismo. (Puedes calcar y usar la referencia al pie de la página).

1. Carlos está de pie junto a un edificio. Si Carlos mide aproximadamente 5 pies de altura, ¿aproximadamente cuál es la altura del edificio?

   El edificio tiene aproximadamente _____ pies de altura.
   Obtuve mi respuesta de este modo:

   _____

   _____

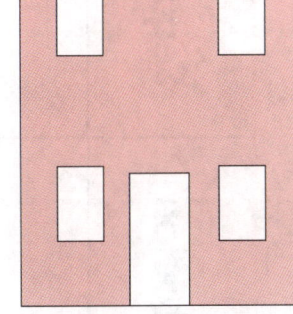

2. El señor Greene quiere que una parte de su clase forme una recta numérica al frente del salón. Si un niño ocupa un máximo de 2 pies, ¿aproximadamente cuántos pies ocuparán 10 niños?

2 pies

   Diez niños ocuparán aproximadamente _____ pies.
   Obtuve mi respuesta de este modo:

   Puedes calcar la persona de la derecha para usarla como referencia.

TEMA 3 Te daré una referencia...

ciento tres 103

HOJA DE ANOTACIONES

Número de estación	Primera rotación	Segunda rotación	Regla de clips
1			
2			
3			
4			
5			
6			

CONEXIÓN CON EL HOGAR: ¿CUÁNTAS MANOS?

Estimado padre o representante:

Su niño está aprendiendo a estimar distancias usando una referencia visual. Pídale que le muestre el contorno de su mano. Ésta es la referencia que puede usar usted para estimar y medir cinco artículos de su casa, tales como una mesa, un tocador o una ventana. Pida a su niño que estime y mida cada artículo usando el contorno de la mano como referencia. Ayúdelo a anotar cada artículo en la tabla que hay en el reverso de esta página. Compare el tamaño de su mano con la del niño y pregúntele si cree que las medidas serían diferentes si se utilizara el contorno de la mano de usted.

TEMA 3 Te daré una referencia...

CONEXIÓN CON EL HOGAR: ¿CUÁNTAS MANOS?

Artículo	Estimación	Medida

Nombre _____

Castillos en la arena

A LO LARGO DEL PERÍMETRO

➡ Construye la figura ilustrada usando tus bloques de patrones. Halla el perímetro de la figura. Puedes usar una ficha cuadrada de color como ayuda para contar o medir.

Figura 1: 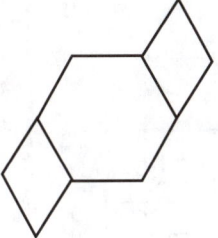   Perímetro: _____

Figura 2: 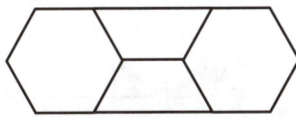   Perímetro: _____

Figura 3: 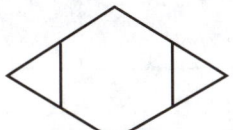   Perímetro: _____

Figura: 4 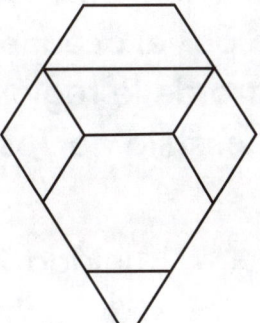   Perímetro: _____

Figura 5: 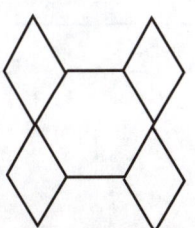   Perímetro: _____

TEMA 3 Castillos en la arena

ciento siete **107**

PROTEGER LOS CASTILLOS

1. La región sombreada a la derecha muestra el muro que construyó Ross para proteger su castillo. ¿Cuál es el perímetro exterior del muro que construyó Ross?

Pista:

⊢―⊣ = 1 unidad

Perímetro: _____

2. La región sombreada a la izquierda y arriba muestra la zona de arena donde el castillo de Josie fue arruinado por el océano. ¿Cuál es el perímetro de la región donde estaba el castillo de Josie?

Pista: ⊢―⊣ = 1 unidad

Perímetro: _____

Nombre _____

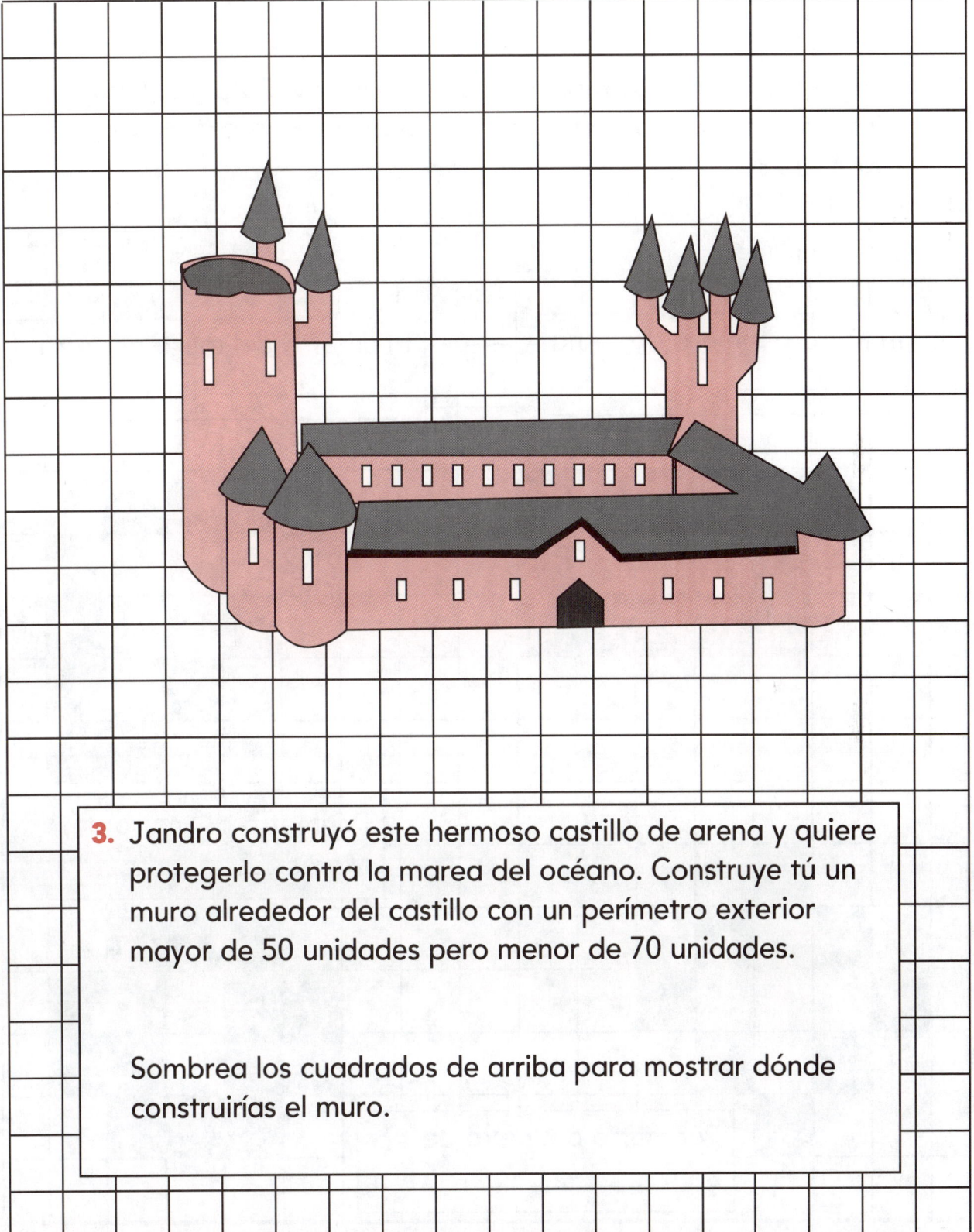

3. Jandro construyó este hermoso castillo de arena y quiere protegerlo contra la marea del océano. Construye tú un muro alrededor del castillo con un perímetro exterior mayor de 50 unidades pero menor de 70 unidades.

Sombrea los cuadrados de arriba para mostrar dónde construirías el muro.

TEMA 3 Castillos en la arena

CONEXIÓN CON EL HOGAR: CONTAR LAS UNIDADES

Estimado padre o representante:
Su niño está aprendiendo acerca de perímetros. Lean juntos las instrucciones de esta página y ayúdelo a contestar las preguntas.

▶ **La región sombreada muestra los muros que Sam y sus amigos construyeron en la playa. ¿Cuál es el perímetro exterior de cada muro?**

Pista:

⊢—⊣ = 1 unidad

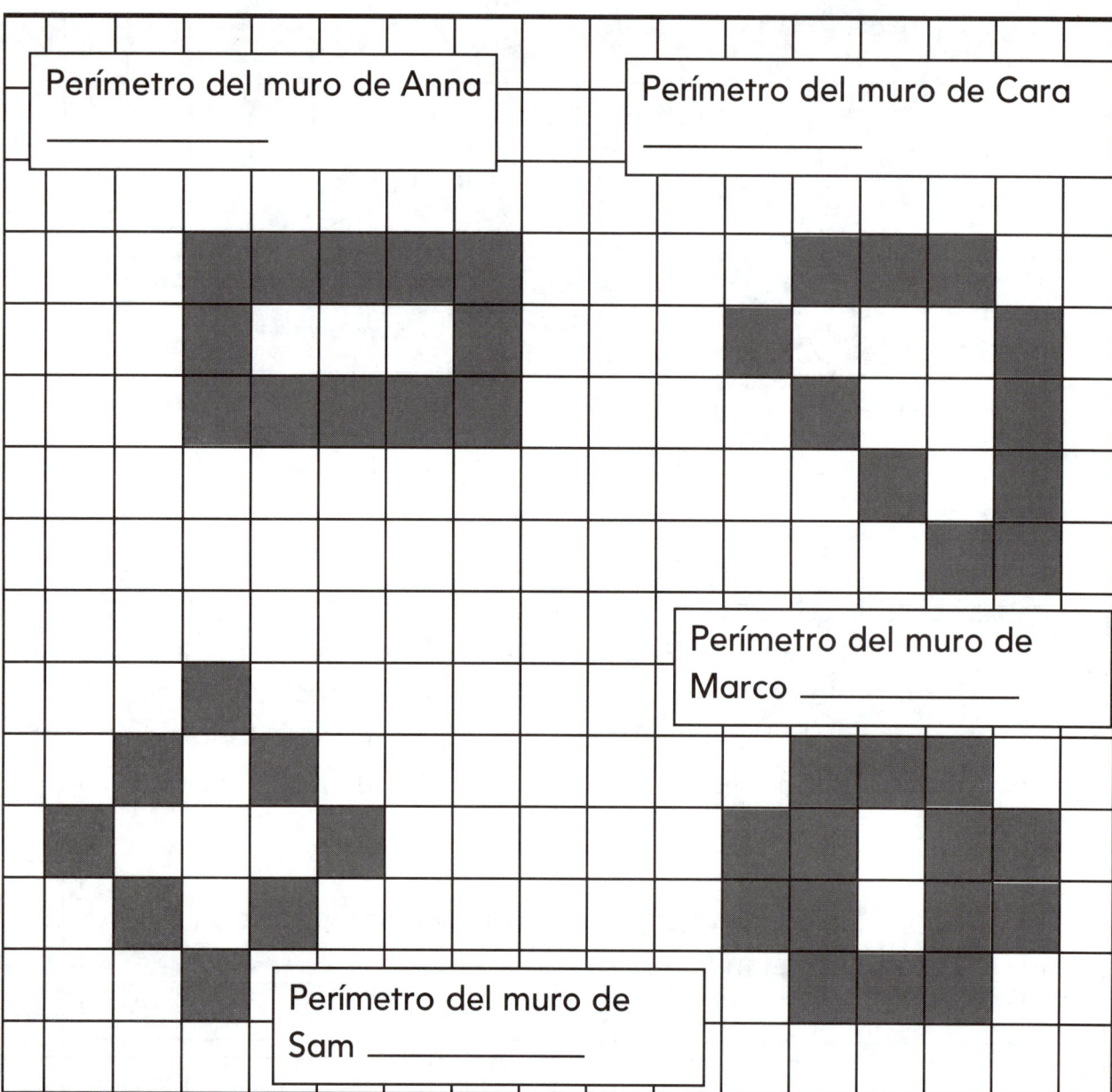

Perímetro del muro de Anna _____

Perímetro del muro de Cara _____

Perímetro del muro de Marco _____

Perímetro del muro de Sam _____

¿Qué dos muros tienen el mismo perímetro? _____

TEMA 3 Castillos en la arena

Nombre _____

¿Quién soltó los perros?

HUELLAS DE ANIMALES

➡ Usa tus huellas digitales para cubrir toda la región que hay dentro de esta huella.

Número de huellas digitales: _____

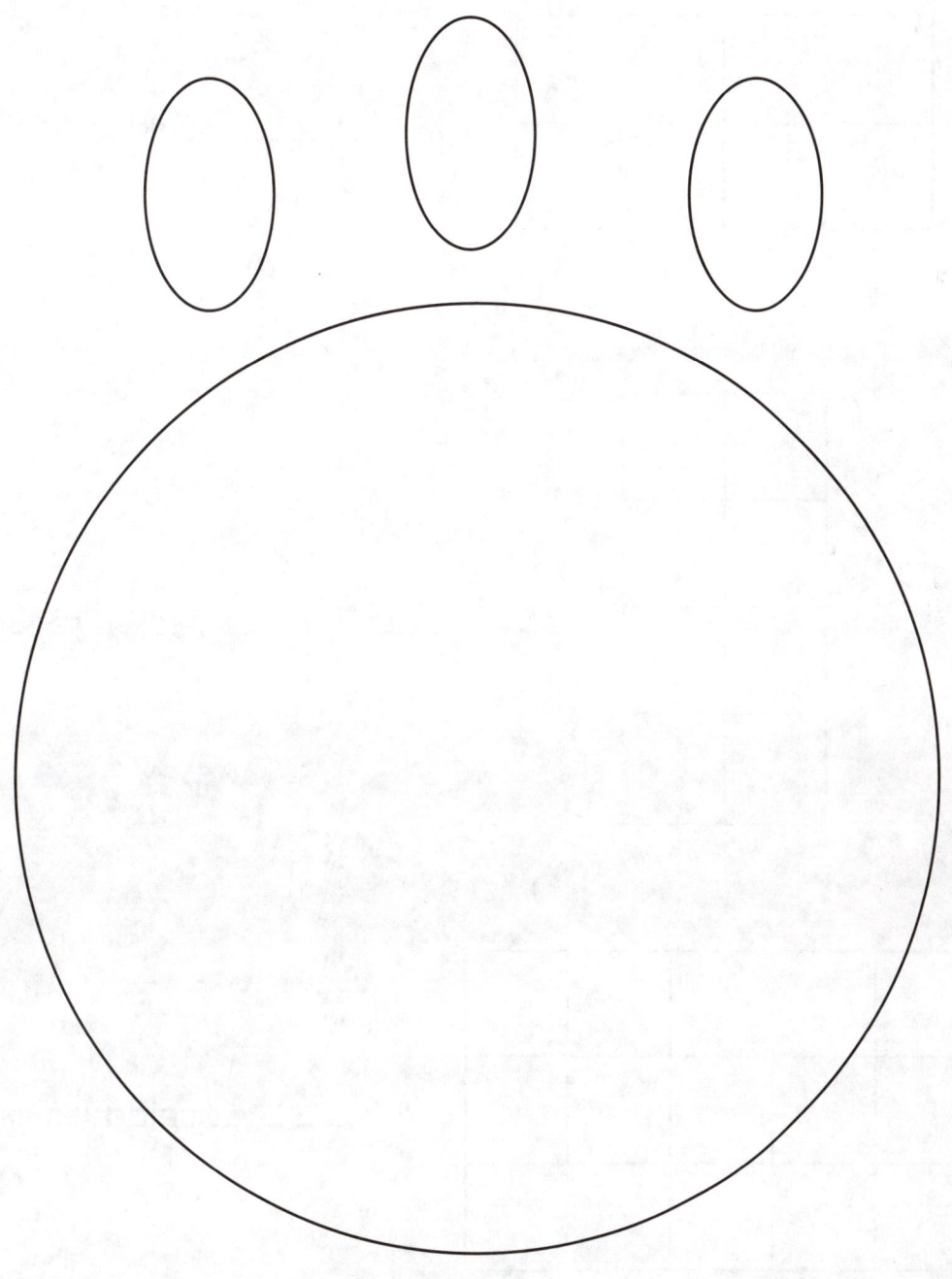

TEMA 3 ¿Quién soltó los perros?

ciento once 111

CONTAR LOS CUADRADOS

➡ **Cuenta los cuadrados que hay en cada región rectangular.**

1. _____ unidades cuadradas

2. _____ unidades cuadradas

3. _____ unidades cuadradas

4. _____ unidades cuadradas

Nombre _____

¿CÓMO ES DE GRANDE EL PERRO?

➡ Halla el área de la región interior del perro.

Buscaré el área de esta manera: _____

_____

_____

_____

_____

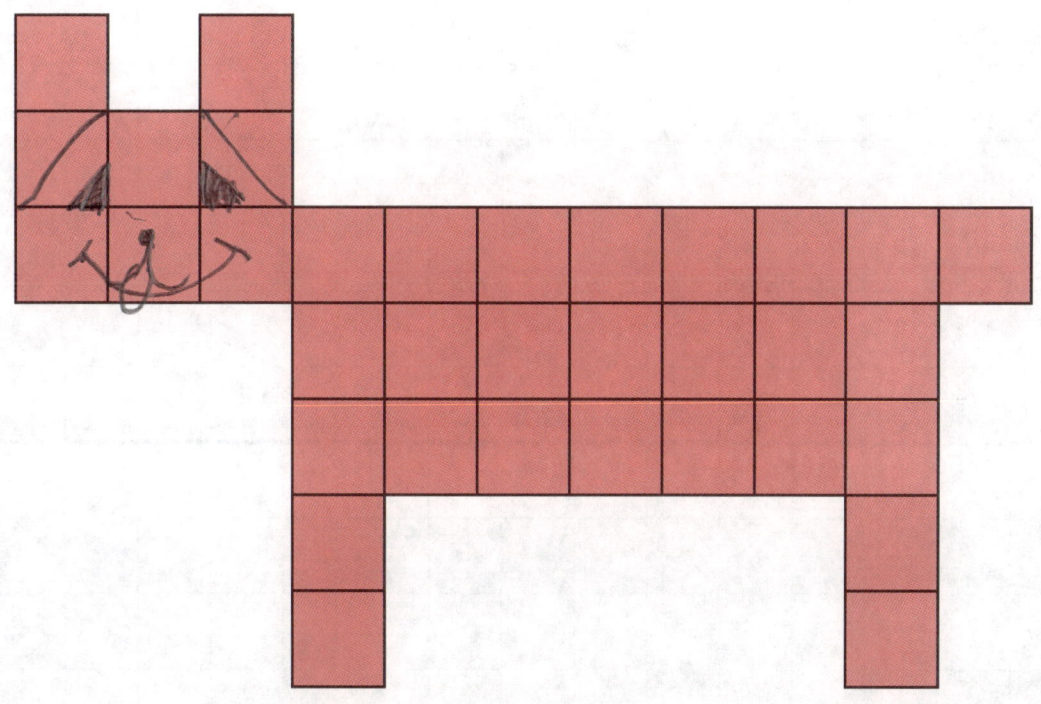

Área del perro: _____ unidades cuadradas

TEMA 3 ¿Quién soltó los perros?

ciento trece 113

CONEXIÓN CON EL HOGAR: IGUAL ÁREA, FIGURAS DIFERENTES

Estimado padre o representante:
Su niño está aprendiendo acerca del área. Lean juntos las instrucciones de esta página y ayúdelo a completar los dibujos.

◆ **Dibuja en la parte superior de la página una figura que tenga un área de 24 centímetros cuadrados. Después, dibuja en la parte inferior de la página una figura diferente con un área de 24 centímetros cuadrados.**

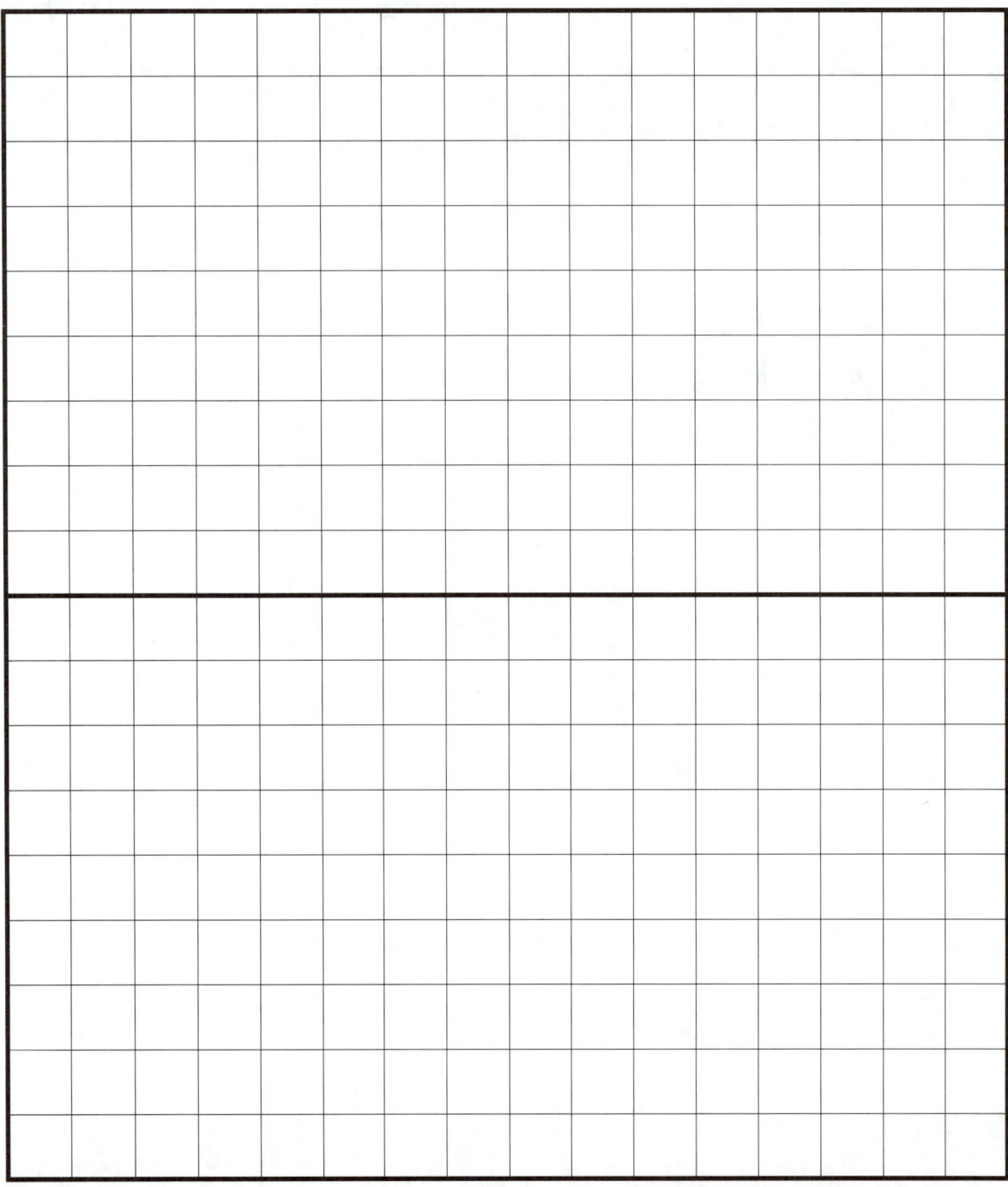

TEMA 3 ¿Quién soltó los perros?

Nombre _____

Las Marujas de la hora

¿PUEDES BUSCAR LA HORA?

➡ Une el reloj digital o el analógico con la hora correcta.

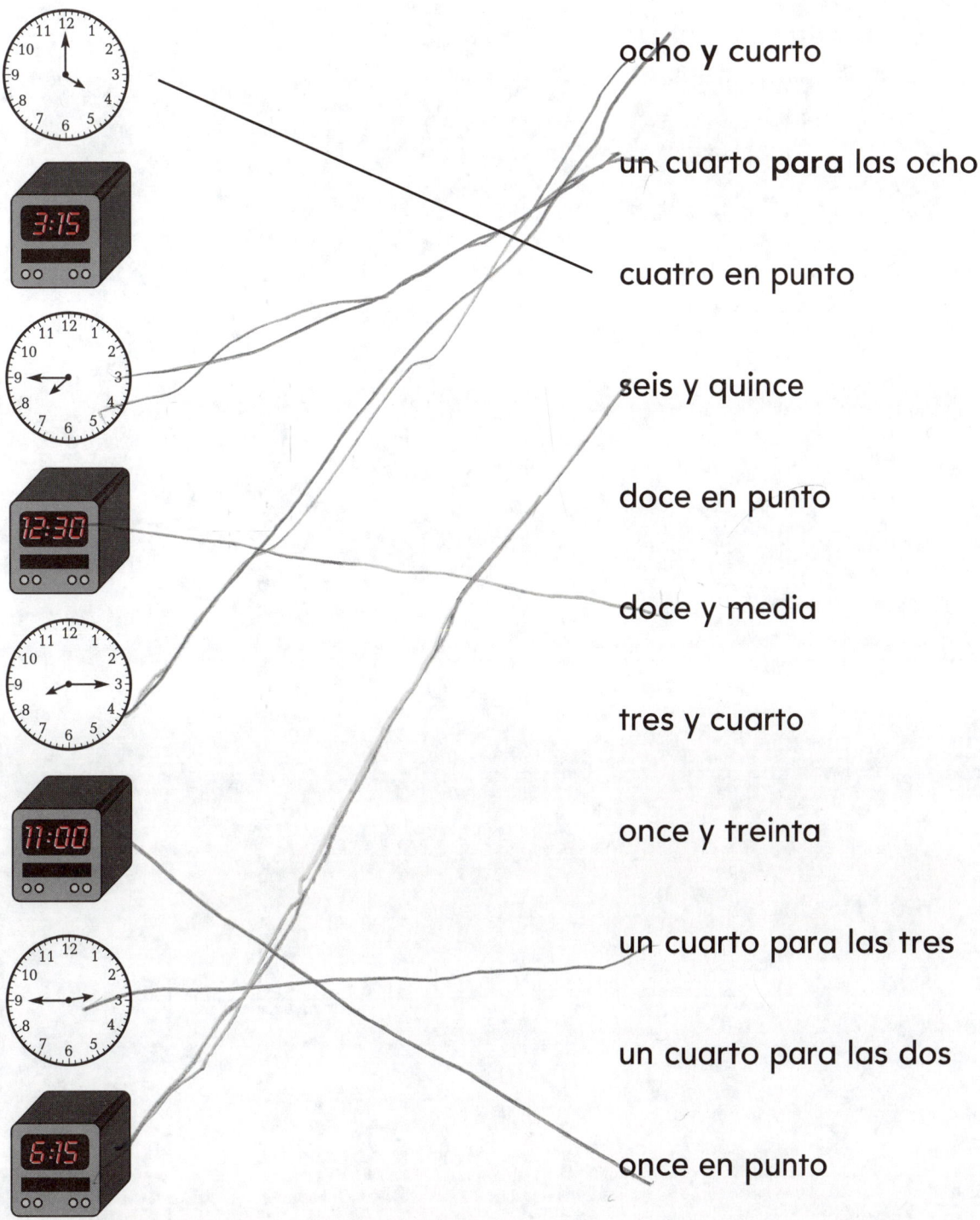

TEMA 3 Las Marujas de la hora

ciento quince 115

Nombre _____

     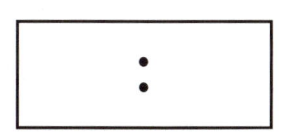

    _____

cinco y treinta o . . . _____   _____

     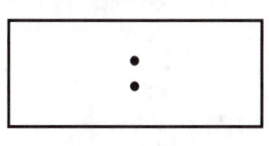

    _____

seis y quince o . . . _____   _____

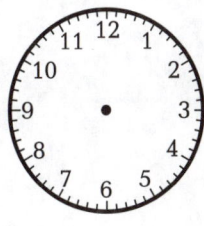     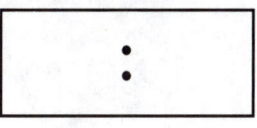

TEMA 3 Las Marujas de la hora

ciento diecisiete **117**

Nombre _____

doce y treinta o . . . _____
_____

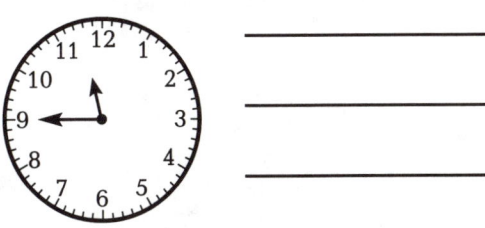

 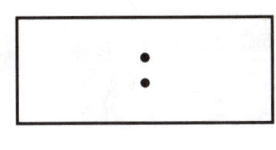

siete y treinta o . . . _____
_____

_____
_____
_____

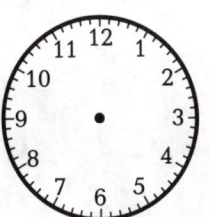 

 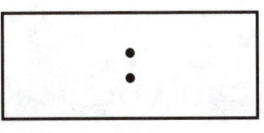

ocho y cuarenta y cinco o . . .
_____

_____
_____

TEMA 3 Las Marujas de la hora

ciento diecinueve **119**

Nombre _____

MARUJA DICE LA HORA

➡ Ayuda a Maruja a hacer su trabajo resolviendo los problemas que tiene en el taller de reparación de relojes de su tío.

1. Su primer día de trabajo, Maruja llegó a las **ocho y media**. Encierra en un círculo el reloj que muestra la hora a la que llegó Maruja.

2. Al día siguiente, el tío de Maruja reparó los relojes analógico y digital que se muestran abajo. Maruja llegó al trabajo y le preguntó la hora a su tío. Su tío dijo que eran las **diez y cuarto**.

   Completa los relojes para que muestren las **diez y cuarto**.

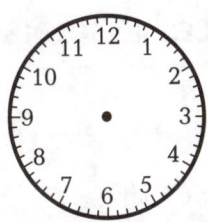 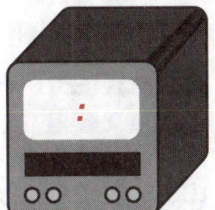

3. El tercer día, Maruja puso la hora en tres relojes digitales. Pensó que los ponía en **un cuarto para las tres**. Sin querer, puso en dos relojes la hora equivocada.

   Encierra en un círculo el reloj que tiene la hora correcta.

TEMA 3 Las Marujas de la hora

4. El cuarto día de trabajo de Maruja, su tío arregló un reloj analógico a las **siete y media**, un reloj digital a la **una y media** o y otro reloj analógico a **un cuarto para las cinco**. Maruja puso la hora en cada reloj cuando su tío terminó de arreglarlos.

Marca la hora en los relojes para mostrar las horas que puso Maruja.

siete y media una y media un cuarto para las cinco

5. Maruja llegó al trabajo el quinto día y encontró la siguiente nota de su tío:

Querida Maruja:

Por favor, pon sobre mi mesa de trabajo los relojes que muestran las **dos y quince**, las **seis y media** y las **nueve y cuarto**.

Encierra en un círculo los relojes de abajo que Maruja debe poner en la mesa de trabajo de su tío.

  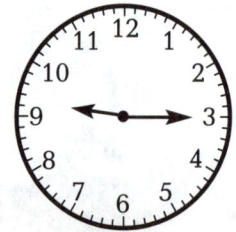

Nombre _____

CONEXIÓN CON EL HOGAR: DILO COMO ES

Estimado padre o representante:

Su niño está aprendiendo a leer la hora en los formatos digital y analógico. Dé vuelta a la página y ayúdelo a completarla.

- Si la tarjeta muestra un reloj analógico sin agujas y un reloj digital con una hora, pídale al niño que dibuje las agujas del reloj para que se correspondan con la hora del reloj digital.

- Si la tarjeta muestra un reloj analógico con agujas y un reloj digital que no da la hora, pídale al niño que escriba la forma digital de la hora que muestra el reloj analógico.

- Si la tarjeta muestra un reloj digital con la hora y un espacio en blanco al pie de la tarjeta, pídale al niño que escriba la hora en palabras. En algunas tarjetas ya se ha hecho un ejemplo. En este caso, pídale al niño que escriba la hora de forma diferente. Por ejemplo, si se ha escrito "dos y quince", el niño podría escribir "dos y cuarto".

- Si la tarjeta muestra un reloj analógico con la hora y un espacio en blanco a la derecha, pídale al niño que escriba en palabras la hora que se muestra.

TEMA 3 Las Marujas de la hora

CONEXIÓN CON EL HOGAR: DILO COMO ES

cinco y treinta o . . . _____

seis y quince o . . . _____

124 ciento veinticuatro

TEMA 3 Las Marujas de la hora

Nombre _____

TARJETAS DE FIGURAS

TEMA 3 Figúrate

ciento veinticinco

TARJETAS DE NOMBRE Y ATRIBUTO

Exactamente cuatro vértices	Exactamente cuatro lados	Cuadrilátero	Polígono
Exactamente ocho vértices	Exactamente ocho ángulos	Exactamente tres ángulos	Exactamente tres lados
Hexágono	Exactamente seis esquinas	Círculo	Triángulo
Exactamente cinco lados	Figura cerrada simple	Sin vértices	Cuadrilátero
Pentágono	Octágono	Figura cerrada simple	Exactamente cinco vértices
No es un polígono	Segmentos de tres líneas, no es polígono	Hexágono	Exactamente diez lados

TEMA 3 Figúrate

MAPA DE LA CIUDAD DE LAS FIGURAS

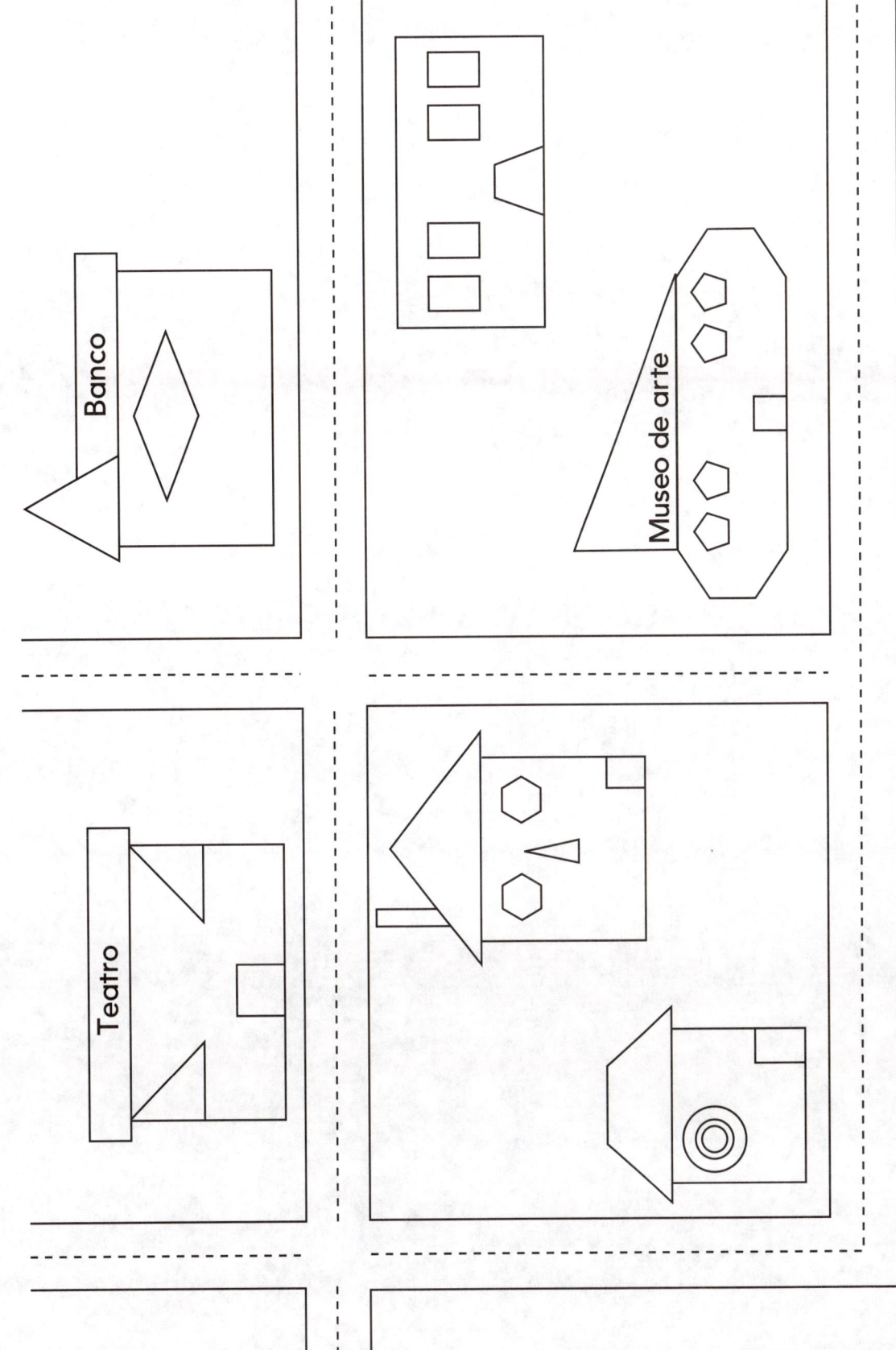

TEMA 3 Figúrate

Nombre _____

INDICACIONES PARA LA CIUDAD DE LAS FIGURAS

➡ Usa el mapa de la página 129 para contestar las preguntas siguientes:

1. ¿Qué forma tiene el techo del teatro?

2. La casa de Samantha tiene dos ventanas hexagonales. Encierra en un círculo la casa de Samantha.

3. La casa de Carlos tiene una gran ventana circular y un techo en forma de cuadrilátero. Pon una X sobre la casa de Carlos.

4. Parker está buscando el museo de arte. ¿Cómo describirías el museo para que Parker lo pueda encontrar?

5. La biblioteca tiene cuatro ventanas en forma de cuadrilátero. Pon un cuadro alrededor de la biblioteca.

6. ¿Cuántos cuadriláteros hay en el edificio del banco?

7. ¿Cuántas clases <u>diferentes</u> de figuras se usaron para hacer el museo de arte?

TEMA 3 Figúrate

CONEXIÓN CON EL HOGAR: NOMBRA ESA FIGURA

Estimado padre o representante:

Su niño está aprendiendo acerca de las figuras bidimensionales. Ayúdelo a completar esta página.

➡ Escoge una palabra de la lista siguiente. Escribe tu nombre en la columna <u>Nombre</u>. Halla esa figura en tu casa y dibújala en la columna <u>Ejemplo</u>. El primer ejercicio ya está hecho para ti.

	círculo cuadrado triángulo hexágono rectángulo	

Figura	Nombre	Ejemplo
▭	rectángulo	puerta
☐		
△		
○		
⬡		

132 ciento treinta y dos

TEMA 3 Figúrate

A la caza del polígono
ROMPERSE LA CABEZA CON LOS POLÍGONOS

¿Cuántos triángulos hay aquí?

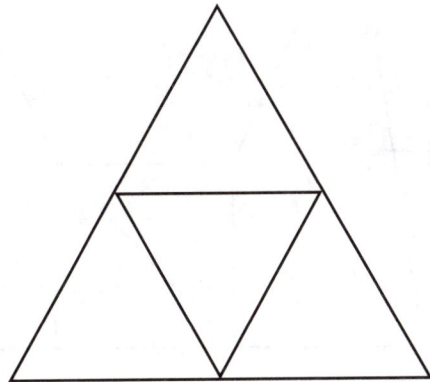

Número de triángulos: _____

¿Cuántos cuadrados hay aquí?

Número de cuadrados: _____

¿Cuántos rectángulos hay aquí?

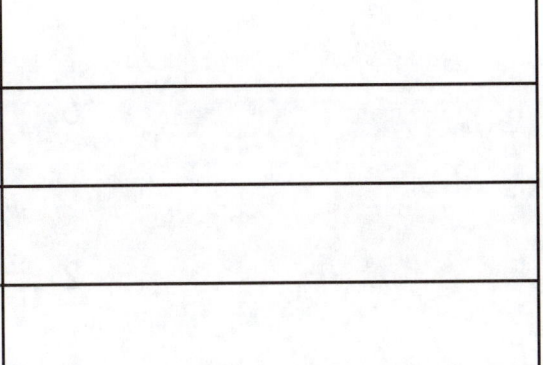

Número de rectángulos: _____

¿Cuántos rombos hay aquí?

¿Cuántos trapecios hay aquí?

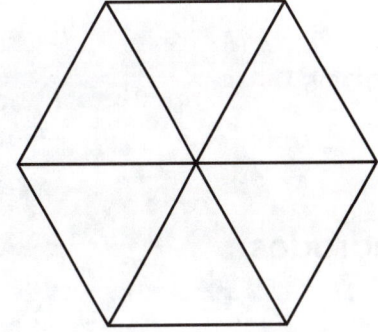

Número de rombos: _____

Número de trapecios: _____

TEMA 3 A la caza del polígono

A LA CAZA DE POLÍGONOS

Estudia el dibujo de los edificios de la Ciudad de los Polígonos.

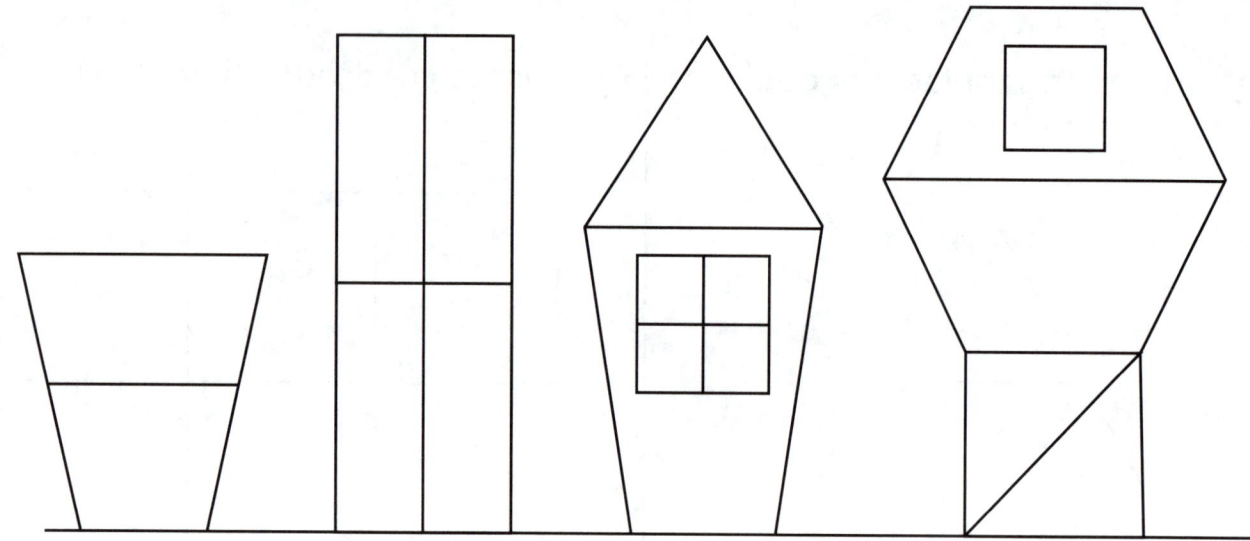

➡ **Empareja la figura con el número que pueda encontrarse en la ilustración.**

Pentágonos   13

Rectángulos no cuadrados   3

Rombos   6

Cuadrados   2

Triángulos   7

Trapecios   0

CONEXIÓN CON EL HOGAR: ROMPECABEZAS CON POLÍGONOS

Estimado padre o representante:

Su niño ha estado aprendiendo acerca de los polígonos. Está empezando a juntar figuras para crear una nueva figura. Después, identificó los polígonos que se habían combinado para hacer una figura. En el reverso de esta página encontrará unos rompecabezas con polígonos. Lean juntos las instrucciones y ayude a su niño a contestar las preguntas.

TEMA 3 A la caza del polígono

ciento treinta y cinco

CONEXIÓN CON EL HOGAR: ROMPECABEZAS CON POLÍGONOS

➡ **Encierra en un círculo el nombre de un polígono que veas en la figura.**

círculo   cuadrado   triángulo

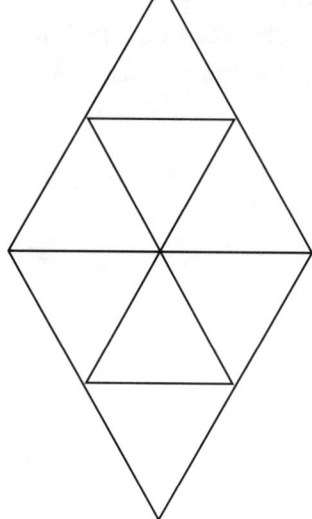

¿Cuántos de ese polígono ves?

_____

➡ **Encierra en un círculo el nombre de un polígono que veas en la figura.**

círculo   cuadrado   triángulo

¿Cuántos de ese polígono ves?

_____

TEMA 3 A la caza del polígono

Nombre _____

Los rastreadores de patrones

ACTIVIDAD: ENTRENAR A RASTREADORES DE PATRONES

Si el patrón continúa, ¿cuáles son los 3 cuadritos siguientes?

➡ Usa tus cuadritos de color para crear patrones. Colorea en los primeros 12 cuadrados para mostrar un patrón.

1.
2.
3.
4.
5.

TEMA 3 Los rastreadores de patrones

ciento treinta y siete 137

A LA CAZA DE PATRONES

▶ **Continúa cada patrón. Escribe una descripción del patrón. El primer ejercicio ya se ha hecho.**

10, 20, 30, 40, 50, 60, 70, 80,

los números aumentan de diez en diez (número + 10)

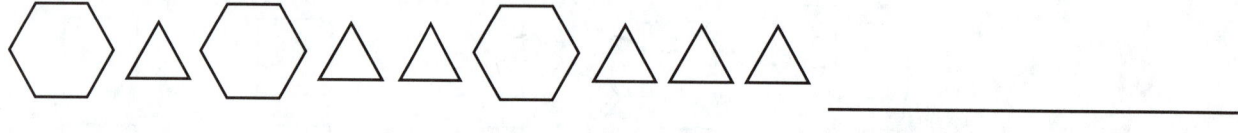 _____

_____

 _____

_____

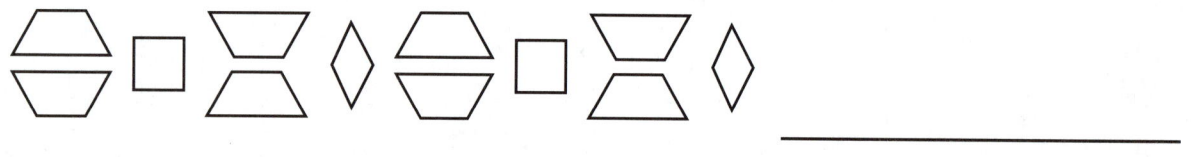 _____

_____

_____ _____

_____

138 ciento treinta y ocho   TEMA 3 Los rastreadores de patrones

PIEZAS DE PATRONES QUE FALTAN

➡ Llena el número, símbolo o figura que completa el patrón.

20, 40, 60, 80, ____, 120, 140, 160

1, 2, 2, 3, 3, 3, ____, 4, 4, 4, 5, 5, 5, 5, 5

2, 10, 4, 20, 6, 30, 8, 40, 10, ____, 12, 60

900, 800, 850, ____, 800, 700, 750, 650, 700

42, 38, 34, 30, ____, 22, 18, 14, 10

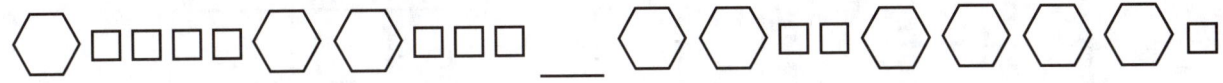

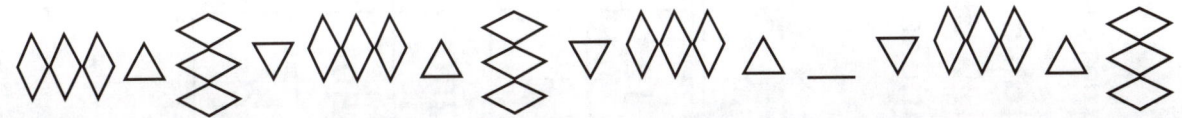

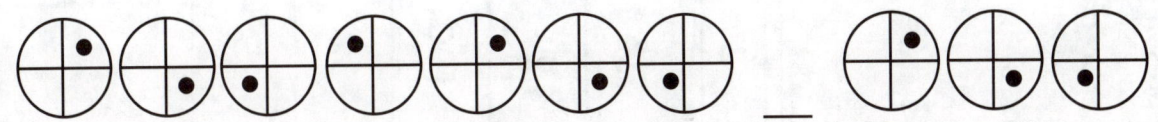

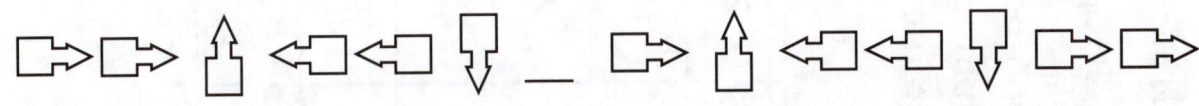

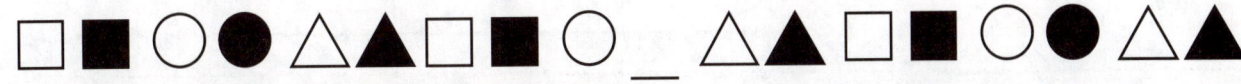

TEMA 3 Los rastreadores de patrones

CONEXIÓN CON EL HOGAR: RASTREADORES DE PATRONES A LA CAZA

Estimado padre o representante:

Su niño está aprendiendo acerca de patrones de contar.

➡ Hay 6 patrones en la tabla. Cada patrón tiene 6 números. Busca los patrones que se lean para arriba, para abajo, a la izquierda o a la derecha. Encierra en un círculo los 6 números que contiene el patrón. Un patrón ya se ha hecho.

1	2	3	4	5	6	71	300	2	70	60	40
8	18	15	12	9	6	3	200	4	50	50	20
15	2	24	0	11	24	10	100	6	10	40	12
25	4	100	200	300	400	500	600	8	0	30	60
9	7	32	40	25	14	100	70	10	50	20	30
5	10	15	20	25	30	5	10	12	20	10	30

140 ciento cuarenta

TEMA 3 Los rastreadores de patrones

Nombre _____

La figura de los patrones
PATRONES CON POLÍGONOS

D, E o F

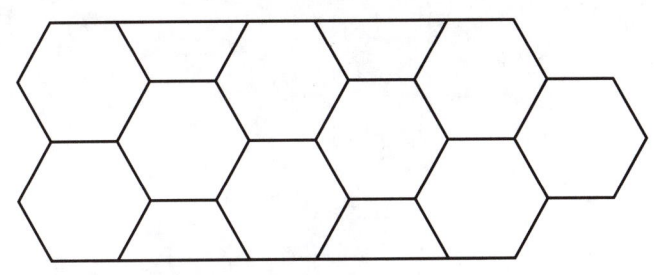

G, H o I

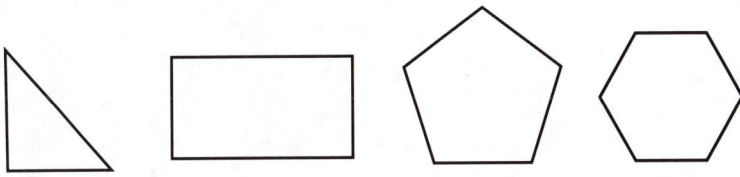

A, B o C

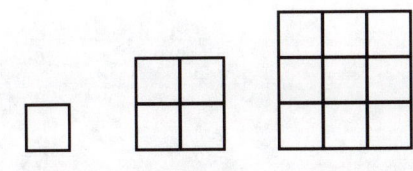

Figura 1 Figura 2 Figura 3

J, K o L

 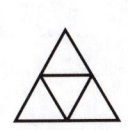 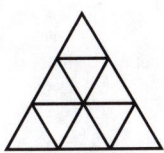

Figura 1 Figura 2 Figura 3

M, N o Ñ

TEMA 3 La figura de los patrones

ciento cuarenta y uno **141**

PATRONES CON PIEZAS DE POLÍGONOS

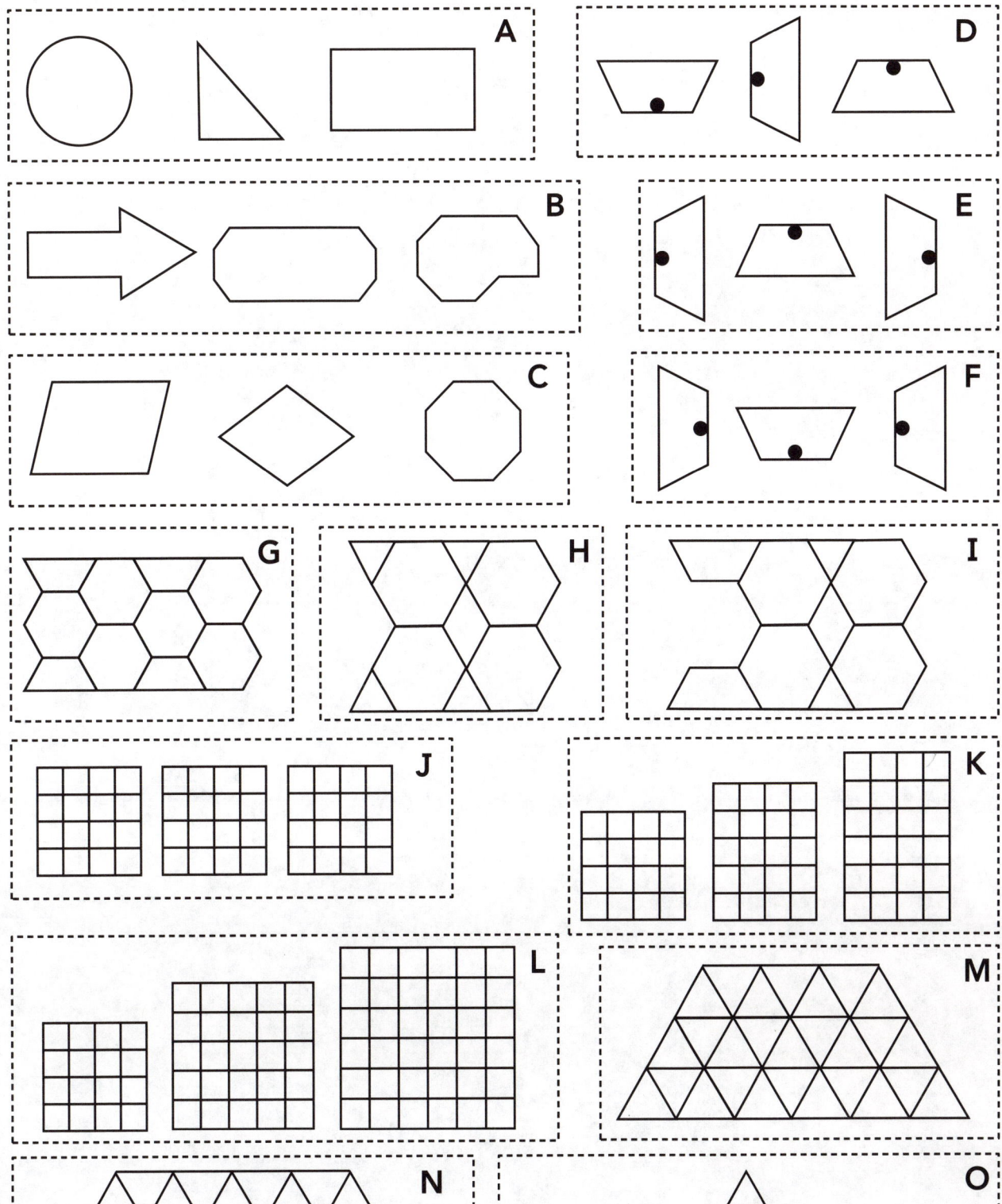

TEMA 3 La figura de los patrones

ciento cuarenta y tres **143**

CONTINÚAN LOS PATRONES

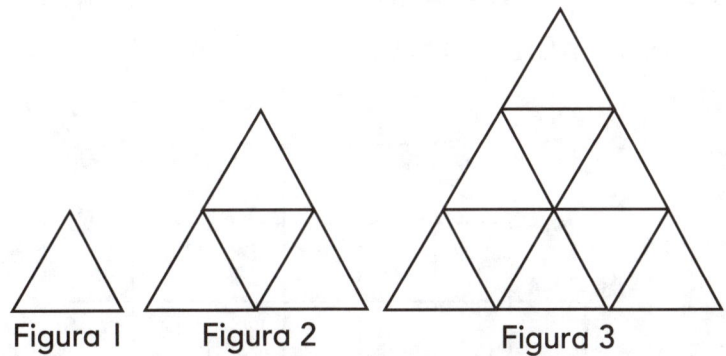

Figura 1 Figura 2 Figura 3

Número de la figura	Número de triángulos
1	1

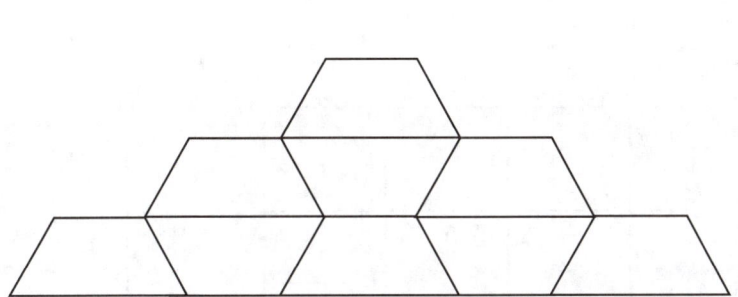

Número de filas	Número de trapecios
1	1

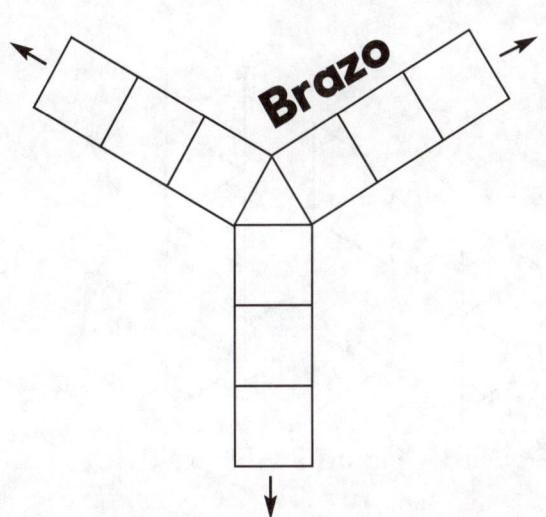

Brazo

Número de cuadrados en un brazo	Número de cuadrados en toda la figura
1	3

TEMA 3 La figura de los patrones

BÚSQUEDA DE PATRONES

➡ Usa tus bloques de patrones y fichas de colores para crear el patrón. Dibuja en la fila, columna o figura siguiente de cada patrón. Rellena el último número de las tablas.

1.
Número de fila	Número de cuadrados
1	3
2	5
3	7
4	___

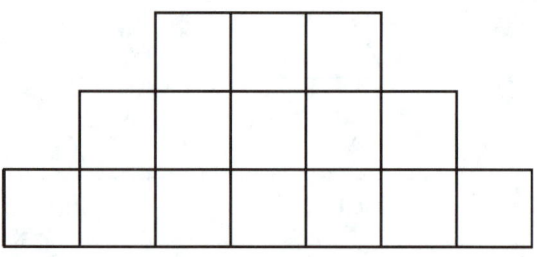

2.
Número de columna	1	2	3	4
Número de cuadrados	1	2	4	___

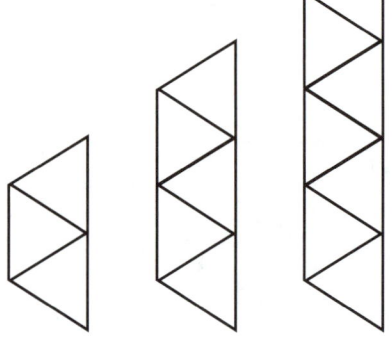

3.
Número de figura	Número de triángulos
1	3
2	5
3	7
4	___

Figura 1   Figura 2   Figura 3

146 ciento cuarenta y seis

Nombre _____

CONEXIÓN CON EL HOGAR: UBICA EL PATRÓN

Estimado padre o representante:

Su niño está aprendiendo a identificar, a describir y a continuar patrones. En el reverso de esta página encontrará unos diseños geométricos. Pregúntele al niño si puede ver un patrón en cada conjunto. Anímelo a explicar por qué es o no es un patrón.

CONEXIÓN CON EL HOGAR: UBICA EL PATRÓN

➡ Encierra en un círculo la figura o el conjunto de figuras que muestran un patrón.

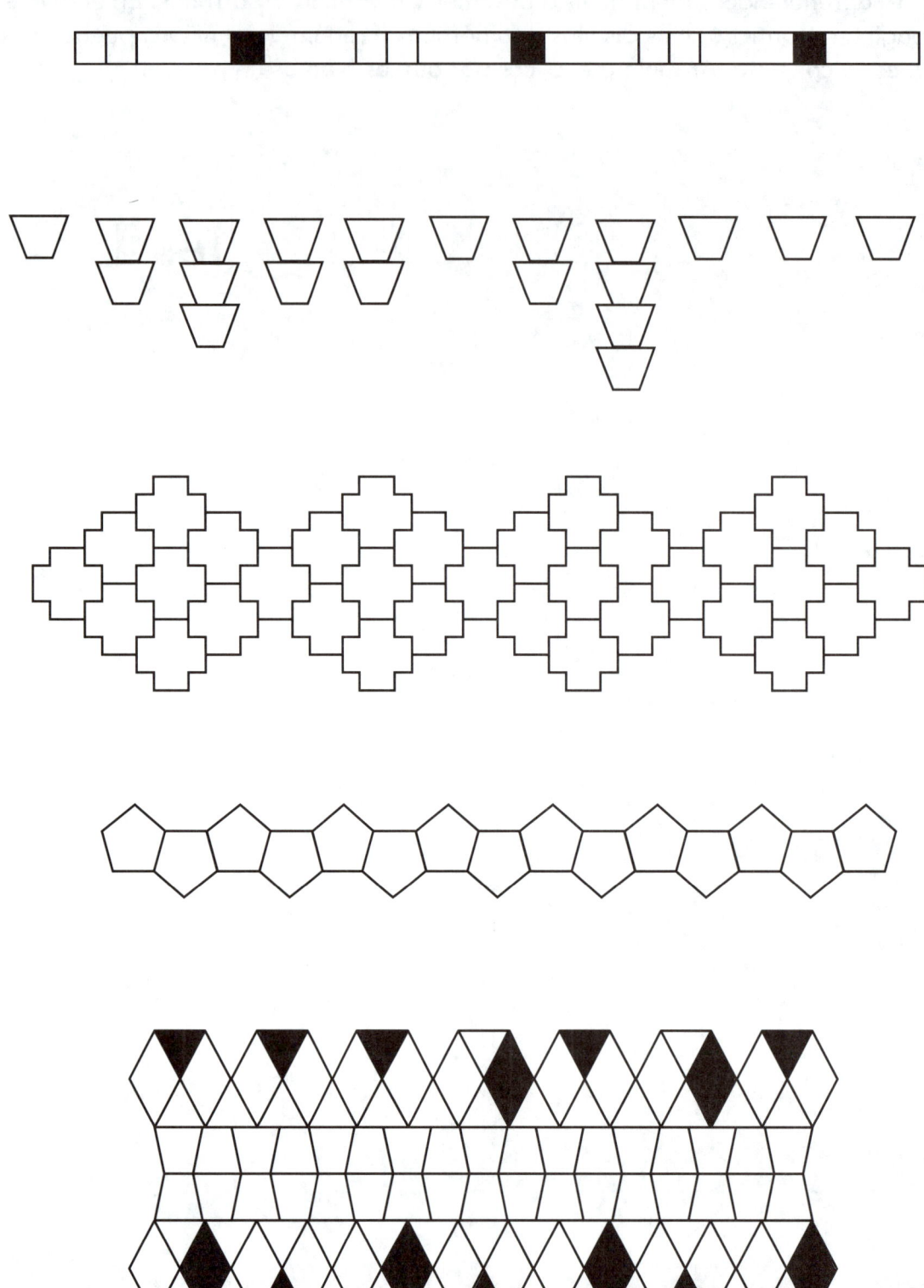

148 ciento cuarenta y ocho   TEMA 3 La figura de los patrones

TEMA 4
Números enteros y decimales II

Nombre _____

Trilogía de números

QUE QUEDE EN FAMILIA

◆ Escribe un símbolo en el círculo para que la oración numérica sea verdadera.

1. 3 ◯ 4 = 7
2. 7 ◯ 3 = 4
3. 3 = 7 ◯ 4
4. 7 = 4 ◯ 3

◆ Escribe sí si el conjunto de números es una familia de operaciones de suma o resta. Escribe no si el conjunto de números no es una familia de operaciones de suma o resta.

5. 11, 4, 15 _____
6. 7, 6, 5 _____
7. 4, 8, 12 _____
8. 12, 10, 6 _____

◆ Haz que cada oración numérica siguiente sea verdadera escribiendo un número en cada cuadrado.

Puedes usar solamente los números 7, 9 y 16.

9. ☐ + ☐ = ☐
10. ☐ − ☐ = ☐
11. ☐ = ☐ − ☐
12. ☐ = ☐ − ☐
13. ☐ = ☐ + ☐
14. ☐ = ☐ + ☐
15. ☐ + ☐ = ☐
16. ☐ − ☐ = ☐

TEMA 4 Trilogía de números

Nombre _____

CONEXIÓN CON EL HOGAR: ESCRIBE LAS OPERACIONES

Estimado padre o representante:

Su niño está aprendiendo acerca de las familias de operaciones (de suma y resta relacionadas). Los triángulos que hay en el reverso de esta página son como las tarjetas triangulares que hemos estado usando en la clase. Pídale a su niño que le explique las maneras que hemos enseñado de utilizar las tarjetas. Lean juntos las instrucciones y después ayúdelo a escribir las oraciones numéricas con los tres números de cada triángulo.

TEMA 4 Trilogía de números

CONEXIÓN CON EL HOGAR: ESCRIBE LAS OPERACIONES

➡ **Escribe todas las oraciones de suma y resta posibles usando los tres números de cada triángulo.**

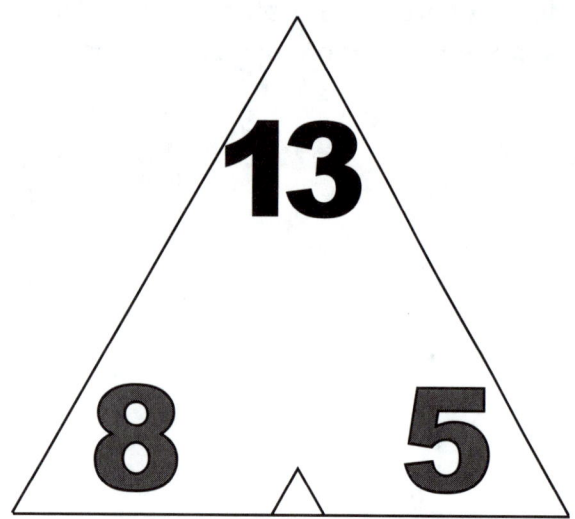

___ + ___ = ___

___ + ___ = ___

___ − ___ = ___

___ − ___ = ___

___ + ___ = ___

___ + ___ = ___

___ − ___ = ___

___ − ___ = ___

164 ciento sesenta y cuatro

TEMA 4 Trilogía de números

Nombre _____

Milla a milla

EL JUEGO DEL MARCADOR DE MILLAS

➡ Usa marcos, varillas y cubos como ayuda para resolver los siguientes problemas.

1. César y Deanna están en el marcador de millas 172. ¿En qué marcador de millas estarán después de 3 millas? _____

2. Los niños están en el marcador de millas 185. ¿En qué marcador de millas estarán después de 7 millas? _____

3. Ellos están en el marcador de millas 282. ¿En qué marcador de millas estaban cuando les faltaban 5 millas para llegar? _____

4. César y Deanna están en el marcador de millas 147. ¿En qué marcador de millas estarán después de 20 millas? _____

5. Los niños están en el marcador de millas 277. ¿En qué marcador de millas estarán después de 50 millas? _____

6. Ellos están en el marcador de millas 219. ¿En qué marcador de millas estaban 30 millas antes? _____

7. 550 (9 más) =

8. 422 (12 menos) =

9. 494 (17 más) =

10. 37 (61 más) =

11. 808 (14 menos) =

12. 708 (500 menos) =

TEMA 4 Milla a milla

CUÉNTALO

→ **Resuelve los siguientes problemas con estrategias de contar. Puedes usar tus cuadros, varillas y cubos de unidades como ayuda.**

1. César y Deanna están en el marcador de millas 142. Veinte millas atrás se detuvieron para comer un helado. ¿En qué marcador de millas se detuvieron para comer helado? _____

2. La temperatura en el carro era de 52 grados por la mañana. A las 2:00 p.m. la temperatura aumentó 18 grados. ¿Cuál era la temperatura en el carro a las 2:00 p.m.? _____

3. El año pasado, 754 alumnos fueron a la Escuela Elemental de Rockport. Este año, el director piensa que vendrán 60 alumnos más. ¿Cuántos alumnos en total espera el director para este año? _____

4. La Panadería Feliz hizo 897 donas el viernes. El jueves, la Panadería Feliz hizo 200 donas menos. ¿Cuántas donas hizo la Panadería Feliz el jueves? _____

5. El lunes, la biblioteca prestó 560 libros. El miércoles (el día más ocupado) prestaron 300 libros más que el lunes. ¿Cuántos libros prestaron el miércoles? _____

6. Megan saltó una distancia de 162 centímetros. Su amiga Molly saltó 34 centímetros menos que Megan. ¿Cuántos centímetros saltó Molly? _____

Nombre _____

CONEXIÓN CON EL HOGAR: MÁS O MENOS

Estimado padre o representante:

Su niño está aprendiendo a contar hacia adelante y hacia atrás con unidades, decenas y otros números. A medida que su niño explora el sistema numérico, aprende a ver las relaciones entre los números. Asegúrese de que su niño entienda que hay dos números que están a una distancia dada de cualquier otro número: uno que es mayor que el número original y uno que es menor que el número original. Dígale que lleve la página a la clase al día siguiente.

TEMA 4 Milla a milla

CONEXIÓN CON EL HOGAR: MÁS O MENOS

➡ Lee el número y la distancia en la columna del medio. Sombrea los valores que muestran el número de la distancia correcta desde el número del medio. El primero ya está resuelto.

Menos			Número	Más		
440	**417**	407	457 (distancia = 40)	447	461	**497**
155	455	515	555 (distancia = 400)	455	495	955
9	11	34	43 (distancia = 34)	73	77	74
54	64	68	78 (distancia = 14)	82	88	92
656	651	661	756 (distancia = 105)	861	860	856
907	942	842	912 (distancia = 70)	982	972	970
297	324	330	327 (distancia = 30)	330	357	360
288	300	302	340 (distancia = 52)	340	352	392

TEMA 4 Milla a milla

Nombre _____

Quedarse en la ruina

EL JUEGO DE LA RUINA

Decenas

Unidades

TEMA 4 Quedarse en la ruina

ciento sesenta y nueve **169**

GIRAR Y RESTAR

➡ Haz girar un número. Anótalo.
Haz girar el segundo número. Anótalo.
Resta para resolver. Puedes usar tus bloques de valor posicional o dibujar una imagen como ayuda.

1.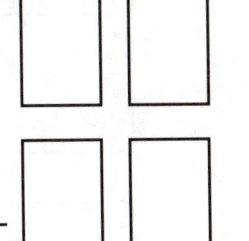

2.

3.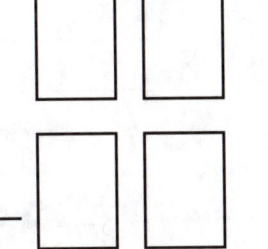

4.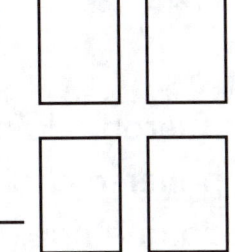

5.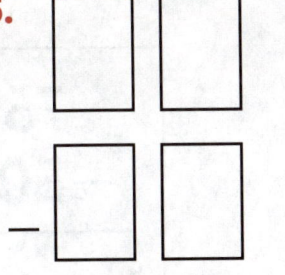

6.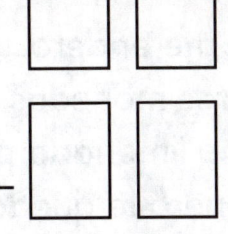

TEMA 4 Quedarse en la ruina

SAM Y ZACK SE DIVIERTEN EN EL PARQUE ACUÁTICO

➡ Usa varillas de decenas y cubos de unidades como ayuda para resolver los problemas.

1. Sam y Zack subieron al tobogán acuático. Hay 75 escalones hasta la parte de arriba del tobogán. Ellos subieron 28 escalones. ¿Cuántos escalones más tienen que subir?

$$\begin{array}{r} 75 \\ -28 \\ \hline \end{array}$$

2. Zack fue al merendero. Tenía 80 centavos. Zack compró un barquillo de helado por 75 centavos. ¿Cuánto dinero le quedó a Zack?

$$\begin{array}{r} 80 \\ -75 \\ \hline \end{array}$$

3. Sam y Zack fueron a la piscina de olas. Tenían que ponerse chalecos salvavidas. El cartel decía que había 53 chalecos salvavidas infantiles. El salvavidas dijo que quedaban 36. ¿Cuántas personas estaban usando chalecos salvavidas?

$$\begin{array}{r} 53 \\ -36 \\ \hline \end{array}$$

4. Sam fue al merendero. Ella tenía tres monedas de 25 centavos. Compró una limonada por 50 centavos. ¿Cuánto dinero le quedó?

$$\begin{array}{r} 75 \\ -50 \\ \hline \end{array}$$

TEMA 4 Quedarse en la ruina

Nombre _____

CONEXIÓN CON EL HOGAR: MÁS O MENOS

Estimado padre o representante:

Su niño está aprendiendo a reagrupar unidades y decenas para hallar la diferencia entre números de 2 dígitos. Para contestar las preguntas del reverso de esta página, dele a su niño 10 monedas de 1¢ y 9 monedas de 10¢. Si no tiene el cambio a mano, puede reemplazar las monedas por otros dos objetos pequeños que sirvan para contar, como tapas de botellas y botones. En este caso, asegúrese de que el niño entienda que un artículo tiene un valor de uno y el otro tiene un valor de diez. Lean juntos las instrucciones del reverso de esta página y ayúdelo a resolver los problemas.

TEMA 4 Quedarse en la ruina

CONEXIÓN CON EL HOGAR: MÁS O MENOS

Lee el problema. Escribe los números en la gráfica. Después, halla la diferencia. Escribe la diferencia en el espacio provisto.

1. Tina tiene 32 globos rojos y 16 globos azules.

¿Cuántos globos rojos más tiene?

decenas unidades

☐ ☐ globos rojos

☐ ☐ globos azules

☐ ☐

Tina tiene _____ globos rojos más.

2. Karl tiene 16 conchas de mar y 23 conchas de río.

¿Cuántas conchas de río más tiene?

decenas unidades

☐ ☐ conchas de río

☐ ☐ conchas de mar

☐ ☐

Karl tiene _____ conchas de río más.

3. Hakim tiene 48 calcomanías de gatos y 33 calcomanías de perros.

¿Cuántas calcomanías de gatos más tiene?

decenas unidades

☐ ☐ calcomanías de gatos

☐ ☐ calcomanías de perros

☐ ☐

Hakim tiene _____ calcomanías de gatos más.

4. Milly tiene 62 tarjetas de béisbol y 81 tarjetas de básquetbol.

¿Cuántas tarjetas de básquetbol más tiene?

decenas unidades

☐ ☐ tarjetas de básquetbol

☐ ☐ tarjetas de béisbol

☐ ☐

Milly tiene _____ tarjetas de básquetbol más.

TEMA 4 Quedarse en la ruina

Nombre _____

Un camino diferente

ELIGE UN CAMINO

TEMA 4 Un camino diferente

ciento setenta y cinco **175**

ESCOGE TU MÉTODO

➡ Usa una operación apropiada para resolver cada problema.

1. Francine y Gwen vendían galletas. Francine vendió 42 galletas y Gwen vendió 19 galletas. ¿Cuántas galletas vendieron en total Francine y Gwen?

2. Jim saltó una distancia de 142 metros. Reynaldo saltó 55 metros menos que Jim. ¿Cuántos metros saltó Reynaldo?

3. El precio de una computadora en la tienda de electrónica Big Bob era 79 dólares. Esta semana, Bob rebaja el precio 15 dólares. ¿Cuál es el precio de una computadora en la tienda de Bob esta semana?

Nombre _____

4. Lanie hizo 54 copias del boletín de la escuela. En la noche de visita de los padres se repartieron 31 boletines. ¿Cuántos boletines no se repartieron?

5. Molly compró 75 platos de plástico para el picnic del barrio. Emilio encontró una bolsa de 73 platos que había sobrado del picnic del año pasado. ¿Cuántos platos tienen Molly y Emilio para el picnic?

6. La clase de Jim tiene como objetivo vender 900 caramelos. En la primera semana de venta, su clase vendió 209 caramelos. En la segunda semana, la clase vendió 370 caramelos. ¿Cuántos caramelos más debe vender la clase de Jim para llegar a su objetivo?

Nombre _____

CONEXIÓN CON EL HOGAR: TRAZA UN CAMINO

Estimado padre o representante:

Su niño está aprendiendo diferentes maneras de sumar. Lean juntos las instrucciones y ayúdelo a completar la página.

CONEXIÓN CON EL HOGAR: TRAZA UN CAMINO

➡ **Dibuja un mapa de tu barrio. Muestra tu casa y algún otro lugar especial que quede a varias cuadras de distancia. Puedes mostrar un lugar como tu escuela, tu tienda preferida o el parque donde juegas. Dibuja una línea roja para mostrar una ruta desde tu casa al lugar especial.**

➡ **Ahora, dibuja una línea azul para mostrar una ruta diferente desde el lugar especial hasta tu casa.**

Ruta 1: _____

Ruta 2: _____

➡ **Escribe una oración de suma para mostrar cuántas cuadras caminas para ir y volver desde tu casa al lugar especial.**

_____ + _____ = _____

Puedo caminar desde mi casa hasta _____ y luego volver.

Camino _____ cuadras.

¿Cuál es mi cambio?

REGISTRO DE VENTA

Turno	¿Cuánto dinero tengo?	¿Qué quiero comprar?	¿Cuánto cuesta?	¿Tengo suficiente?	¿Cuánto cambio me dieron?
1					
2					
3					
4					

TEMA 4 ¿Cuál es mi cambio?

HAZ LA CUENTA

Turno	¿Cuánto dinero tengo?	Costo del artículo 1	Costo del artículo 2	Costo total	¿Cuánto cambio me dieron?
1					
2					
3					
4					

TEMA 4 ¿Cuál es mi cambio?

Nombre

CONEXIÓN CON EL HOGAR: SALIR DE COMPRAS

Estimado padre o representante:

Su niño está aprendiendo a restar en el contexto de dar o recibir cambio. Lean juntos las instrucciones del reverso de esta página y ayúdelo a completar la página. Si es posible, dele monedas para que las use como modelos y halle las cantidades indicadas en los problemas. Hable con su niño acerca de las diferentes combinaciones de monedas que tienen el mismo valor. Por ejemplo, dígale que diez monedas de 1¢ valen lo mismo que dos monedas de 5¢, una de 5¢ y cinco de 1¢ o una de 10¢.

CONEXIÓN CON EL HOGAR: SALIR DE COMPRAS

➡ Miren juntos la tabla. La primera columna muestra cuánto dinero tienes para empezar. Elige una cosa de la venta de juguetitos y escribe la palabra en la columna siguiente. Después, escribe el precio. En la última columna, escribe el cambio que recibes.

¡Ten cuidado! ¡No escojas algo si no te alcanza el dinero que tienes para comprarlo!

VENTA DE JUGUETITOS

carro	19¢
camión	15¢
tren	22¢
barco	10¢
trompo	25¢
canicas	12¢

¿Cuánto dinero tengo?	¿Qué quiero comprar?	¿Cuánto cuesta?	¿Qué cambio me dieron?
85¢			
50¢			
77¢			
38¢			

184 ciento ochenta y cuatro

TEMA 4 ¿Cuál es mi cambio?

Algo desequilibrado

CONFUSIÓN EN LA FÁBRICA DE PAQUETES DE PREMIO

Estimado Justin:

El valor de los premios del lado izquierdo debe ser igual al valor de los premios del lado derecho. Halla el valor de los paquetes de premios misteriosos. Yo hice el primero por ti.

Gracias,
El Gran Jefe

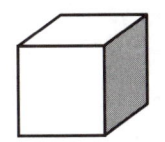 = Paquete del premio misterioso

 = 1    = 2   🐟 = 3    = 4   📞 = 5

 + 🐟 =  + ☐4

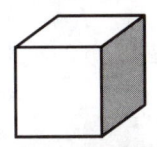 + 🐟 =  +  +

 + 📞 + 📞 = ☐ +  + 🐟

 +  + ☐ = 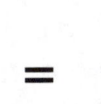 + 🐟 +

🐟 +  +  + 📞 = 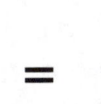 + ☐

TEMA 4 Algo desequilibrado

¡EQUILÍBRALO!

Estimados Justin y Mina:

En los pedidos no está toda la información. Por favor, llena el valor desconocido de manera que el lado izquierdo y el lado derecho de la balanza estén equilibrados. El primer ejercicio ya está resuelto.

$7 + 6 \;\;=\;\; 8 + \square$

$7 + 6 = 13 \;\;=\;\; 8 + 5 = 13$

$\square = 5$

$17 - 3 \;\;=\;\; 5 + \square$

$\square = \underline{\hphantom{xxx}}$

$20 + 8 \;\;=\;\; \square + 24$

$\square = \underline{\hphantom{xxx}}$

$\square + 13 \;\;=\;\; 26 - 3$

$\square = \underline{\hphantom{xxx}}$

$20 + \square \;\;=\;\; 50 - 20$

$\square = \underline{\hphantom{xxx}}$

TEMA 4 Algo desequilibrado

UN BUEN EQUILIBRIO

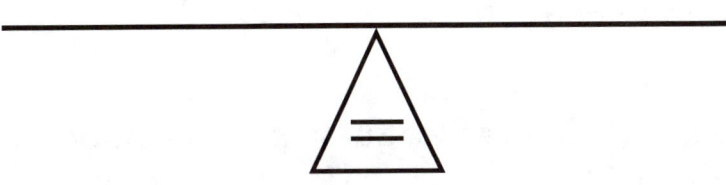

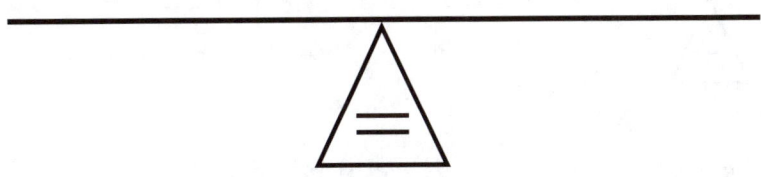

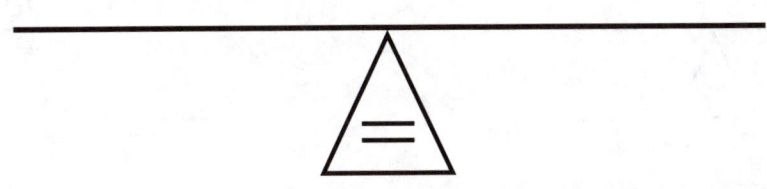

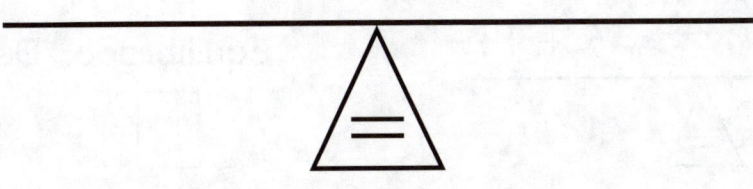

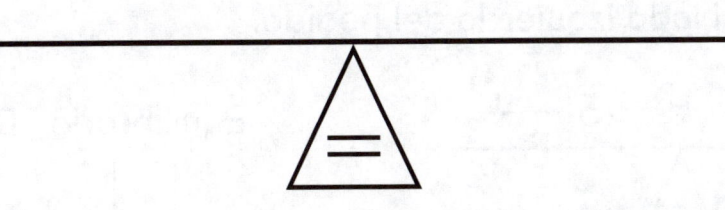

TEMA 4 Algo desequilibrado

¿ESTÁ EQUILIBRADO EL PEDIDO?

Estimada Mina:

Queremos sumar o restar algunas cajas de premios en cada par de pedidos. ¿Estarán equilibrados los pedidos o desequilibrados? Pon una marca en el cuadrado correcto.

1. Suma 5 más al lado izquierdo. Suma 4 más al lado derecho del perdido.

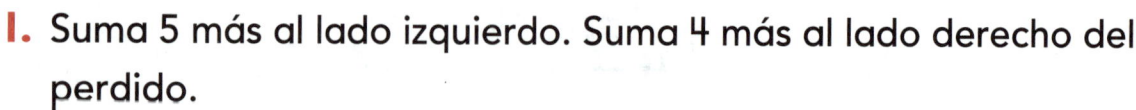

Equilibrado   Desequilibrado
☐   ☐

2. Resta 2 más del lado izquierdo del pedido.
Resta 2 del lado derecho del pedido.

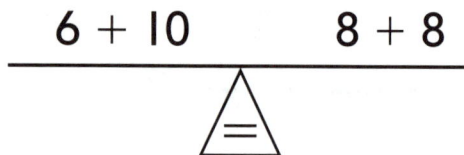

Equilibrado   Desequilibrado
☐   ☐

3. Suma 10 más al lado izquierdo del pedido.
Suma 10 al lado izquierdo del pedido.

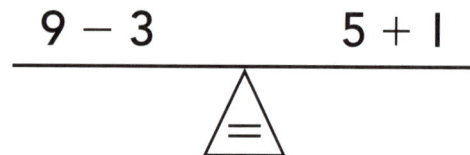

Equilibrado   Desequilibrado
☐   ☐

4. Suma 11 más al lado izquierdo del pedido.
Suma 11 al lado izquierdo del pedido.

$$7 + 4 \qquad 15 - 4$$

Equilibrado   Desequilibrado
☐   ☐

Nombre _____

5. Suma 4 más al lado izquierdo del pedido.
Suma 13 más al lado izquierdo del pedido.

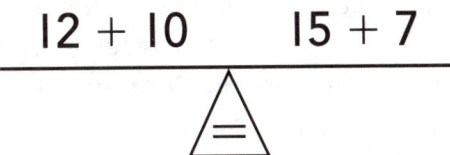

Equilibrado ☐   Desequilibrado ☐

6. Resta 9 más del lado izquierdo del pedido.
Resta 9 del lado derecho del pedido.

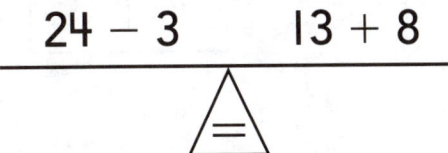

Equilibrado ☐   Desequilibrado ☐

7. Resta 7 más del lado izquierdo del pedido.
Suma 7 más al lado derecho del pedido.

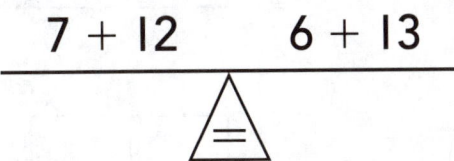

Equilibrado ☐   Desequilibrado ☐

8. Suma 4 más al lado izquierdo del pedido.
Suma 10 al lado izquierdo del pedido.

35 − 4   41 − 10

Equilibrado ☐   Desequilibrado ☐

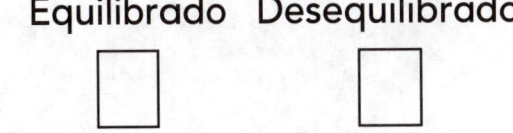

CONEXIÓN CON EL HOGAR: LANZAR EL DADO PARA EQUILIBRAR

Estimado padre o representante:

Su niño está aprendiendo el concepto de equivalencia. Pídale que le explique el juego de lanzar el dado para equilibrar, que jugaron en la clase. Lancen el dado 6 veces y anoten los números en los cuadros. Después, escriban juntos una ecuación que contenga la mayor cantidad posible de esos números. Observen el ejemplo siguiente.

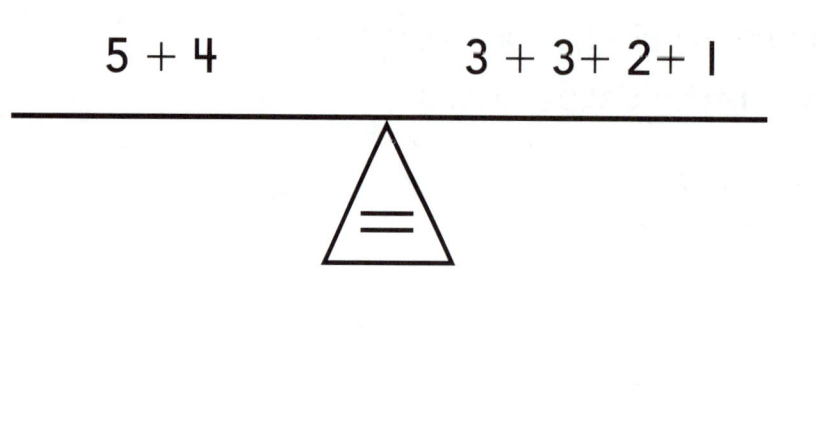

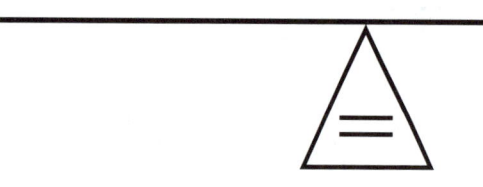
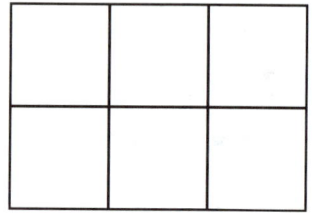

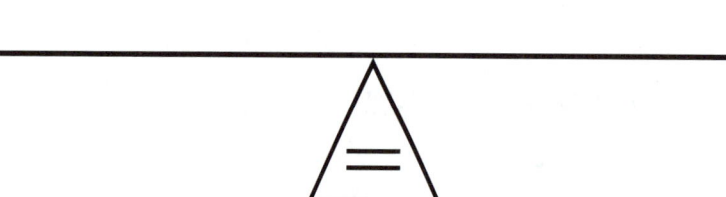

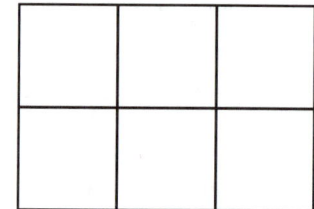

TEMA 4 Algo desequilibrado

La aproximación de Barry Kloze

BASTANTE CERCA

➡ **Estima soluciones para los problemas siguientes.**

1. Había 47 vacas en el prado de Hank. Había 78 vacas en el prado de Phil. Aproximadamente, ¿cuántas vacas había en ambos prados?

2. Shae fue al centro comercial con 84 dólares. Allí gastó 38 dólares. Aproximadamente, ¿cuánto dinero le queda a Shae?

3. Ronnie entregó 92 botellas de refrescos en la tienda Amigo Leo y 81 botellas de refrescos en la tienda Jake. Aproximadamente, ¿cuántas botellas de refrescos entregó Ronnie?

4. Sandra tiene una colección de llaves antiguas. Tenía 39 llaves en su colección hasta que su amigo Keith le regaló su colección de 48. Aproximadamente, ¿cuántas llaves tiene Sandra ahora en su colección?

Nombre _____

PÁGINA DE ANOTACIÓN DE APROXIMACIONES

Problema de matemáticas	Decenas ▯	Unidades ▫	Números redondeados
1. 47 + 78	▯▯▯▯ / ▯▯▯▯▯▯▯	▫▫▫▫▫▫▫ / ▫▫▫▫▫▫▫▫	50 + 80
2.			
3.			
4.			

TEMA 4 La aproximación de Barry Kloze

¿CUÁNTO APROXIMADAMENTE?

➡️ **Estima las soluciones para estos problemas.**

1. Jaime contó el número de creyones rotos que había en su cubeta de útiles. Había 89 creyones rotos y un paquete de 26 creyones nuevos. Aproximadamente, ¿cuántos creyones rotos más que creyones nuevos tenía Jaime en su cubeta de útiles?

2. Ellis vio un concurso de levantar pesas con una sola mano en televisión. Brutus levantó 76 libras y Seth levantó 68 libras. Aproximadamente, ¿cuántas libras levantaron Brutus y Seth juntos?

3. En la fiesta de Tammy, las niñas jugaron con un videojuego. Tammy marcó 67 puntos, Jenny marcó 43 puntos y Kathleen marcó 83 puntos. Aproximadamente, ¿cuántos puntos combinados marcaron las niñas?

4. Marilyn ahorró noventa dólares para comprar regalos a su familia. Marilyn gastó 42 dólares para su abuela y 36 dólares para su padre. Aproximadamente, ¿cuánto dinero le quedó para gastar a Marilyn?

Nombre _____

CONEXIÓN CON EL HOGAR: MEZCLAR Y EMPAREJAR

Estimado padre o representante:

Su niño está aprendiendo a estimar sumas y diferencias. Ayúdelo a recortar las tarjetas del reverso de la página y a jugar el juego. El objeto del juego es emparejar las tarjetas de problemas con tarjetas que muestren una solución estimada. Por ejemplo, la tarjeta del problema 63 – 27 se empareja con la tarjeta de solución 30.

¡Se juega así!

- Un jugador tiene todas las tarjetas de problemas y el otro jugador tiene todas las tarjetas de soluciones.

- Los jugadores se turnan para poner una tarjeta boca arriba.

- Cuando un jugador pone una tarjeta sobre la mesa, el otro jugador trata de buscar su pareja.

- Si el jugador empareja dos tarjetas, se queda con las dos.

- Si el jugador no empareja dos tarjetas, cada jugador retira su tarjeta y la vuelve a poner en su pila para usarla más adelante.

- Cuando se hayan usado todas las tarjetas, los jugadores cuentan las tarjetas que tienen en su pila de "ganadoras".

TEMA 4 La aproximación de Barry Kloze

CONEXIÓN CON EL HOGAR: MEZCLAR Y EMPAREJAR

48 − 37	36 + 24	92 − 79	54 + 32	11 + 27
63 − 27	88 − 58	70 − 46	19 − 11	87 − 21
38 + 41	17 20 + 32	24 31 + 14	42 + 37	53 + 26
80	60	10	10	40
30	30	20	10	70
80	70	70	80	80

TEMA 4 La aproximación de Barry Kloze

LLEGÓ LA HORA DE HACER DONAS

PROBLEMAS DE DOS PASOS

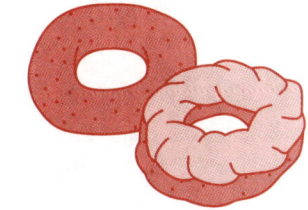

➡ Escribe + ó – en cada círculo para hacer que la oración numérica sea verdadera.

1. La panadería empezó el día con 90 donas. Se vendieron 37 justo antes del mediodía. Al mediodía, el panadero trajo 50 donas más. ¿Cuántas donas había en la panadería al mediodía?

Paso 1: Halla el total de donas que hay justo antes del mediodía.

90 ◯ 37 = 53

Paso 2: Halla las donas quedan al mediodía.

53 ◯ 50 = 103

2. El domingo, la panadería tenía 72 panes. Vendieron 28 panes el lunes y 24 panes el martes. ¿Cuántos panes quedaron?

Paso 1: Halla los panes que se vendieron el lunes y el martes.

28 ◯ 24 = 52

Paso 2: Halla los panes que quedan.

72 ◯ 52 = 20

3. Jared compró 50 donas. Sirvió dos docenas el miércoles y dos docenas el viernes. ¿Cuántas le quedaban el sábado?

Paso 1: Halla las donas que se sirvieron en ambos días.

24 ◯ 24 = 48

Paso 2: Halla las donas que quedan.

50 ◯ 48 = 2

TEMA 4 Llegó la hora de hacer donas

HAZ UN PLAN

1. Charlie trajo 43 donas y Eileen trajo 52 donas para vender. Vendieron 63. ¿Cuántas no se vendieron?

    Paso 1: donas de Charlie + donas de Eileen = total

    donas _____

    Tenían _____ donas al empezar.

    Paso 2: total de donas − donas vendidas = donas que quedan

    Respuesta: No se vendieron _____ donas.

2. Mohammed gastó 6 dólares en donas y 5 dólares en galletas. Pagó con un billete de veinte dólares. ¿Cuánto cambio recibió Mohammed?

    Paso 1: costo de donas + costo de _____ = total del dinero gastado

    Mohammed gastó _____ dólares.

    Paso 2: dinero al empezar − dinero gastado = de cambio

    Respuesta: Mohammed recibió _____ de cambio.

3. Nikita compró 50 platos y 42 tazas. Ella tenía 23 platos y 31 tazas. ¿Cuántos platos y tazas tiene ahora?

    Paso 1: platos nuevos + _____ viejos = número total de platos

    Nikita tiene _____ platos.

    Paso 2: _____ = número total de tazas

    Nikita tiene _____ tazas.

TEMA 4 Llegó la hora de hacer donas

Nombre _____

LOS PEDIDOS DE DUNCAN

Sabor de dona	Cantidad en el almacén
Rellena de jalea	18
Chocolate	23
Manzana con canela	68
Rellena de crema	49
Glaseada	86

1. La tienda El Parque pidió 9 donas rellenas de jalea y la tienda El Castillo pidió 10 donas rellenas de jalea. ¿Cuántas donas rellenas de jalea más se necesitan para despachar los pedidos?

2. Doña Dona pidió 24 donas rellenas de crema y El Merendero pidió 18 donas rellenas de crema. Después de que Duncan despache estos pedidos, ¿cuántas donas rellenas de crema quedarán en el almacén?

3. Los panaderos acaban de poner 30 donas de chocolate más en el almacén. Duncan recibió un pedido de 48 donas de chocolate. ¿Hay suficientes en el almacén para despachar este pedido? ¿Cómo lo sabes?

TEMA 4 Llegó la hora de hacer donas

CONEXIÓN CON EL HOGAR: HACERLO VERDADERO

Estimado padre o representante:

Su niño está aprendiendo a resolver problemas de dos pasos que necesitan la suma y/o la resta. Lean las instrucciones juntos y ayúdelo a completar las oraciones numéricas.

➡ **Rellena cada cuadrado con un dígito del 1 al 9. Cada dígito debe usarse una sola vez. Cuando estén completos, las oraciones numéricas deben ser verdaderas.**

☐ + ☐ − ☐ = 16

☐ + ☐ − ☐ = 11

☐ + ☐ − ☐ = 6

Formación de la banda

HAZ EL MAPA DE LA BANDA

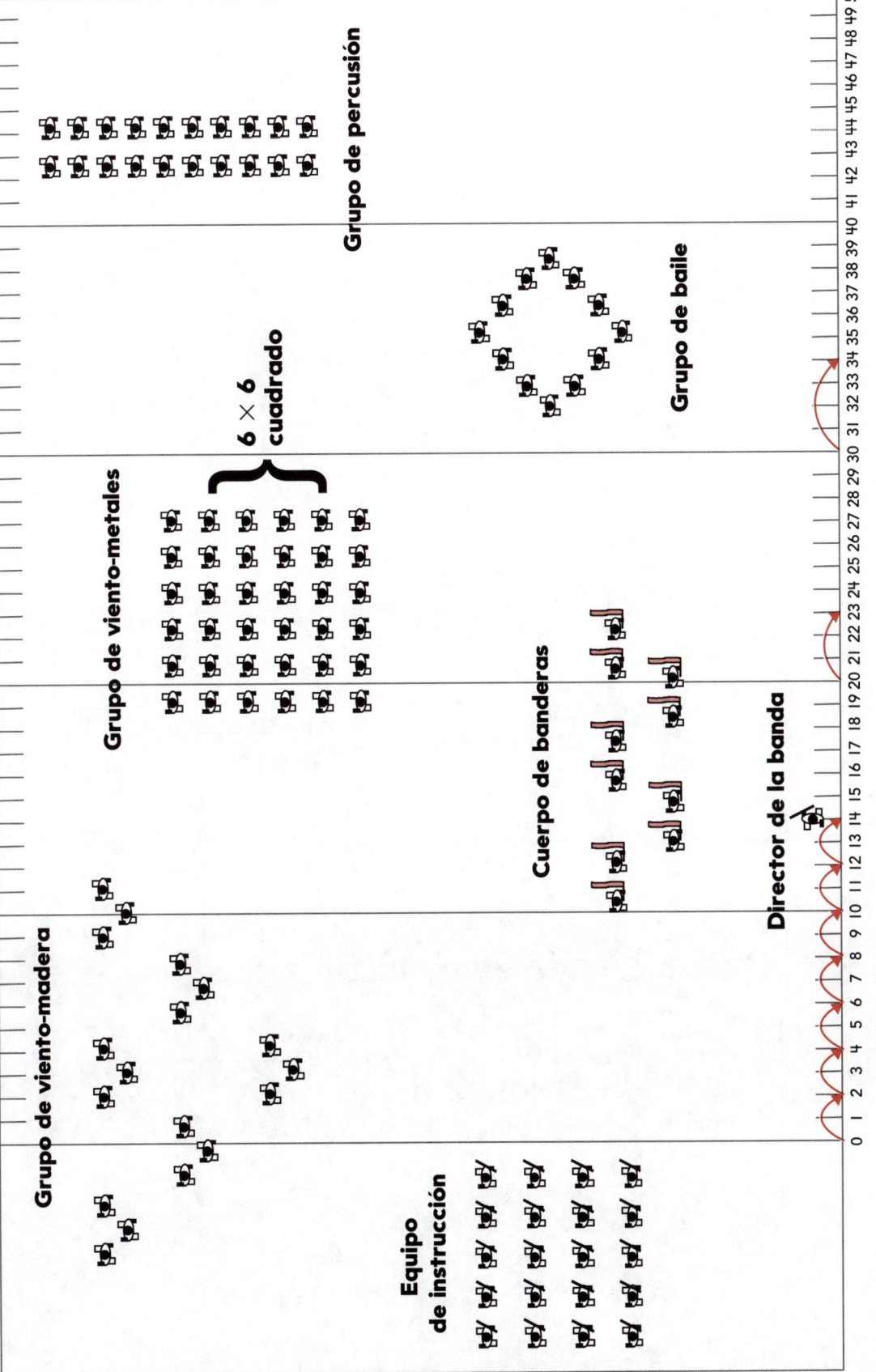

TEMA 4 Agrupación de la banda

Nombre _____

HAZ EL MAPA DE LA BANDA

➡ Usa el mapa del campo de fútbol que hay en la página 203 para contestar las siguientes preguntas.

1. ¿Qué grupo forma una matriz cuadrada?
   _____

2. Escribe una oración numérica de multiplicación para mostrar el número de miembros del grupo de percusión.
   _____

3. Escribe un número en la casilla para completar el enunciado de la división mostrando cómo se dividieron los miembros del cuerpo de banderas.
   $10 \div \square = 2$

4. Dos grupos tienen veinte miembros. ¿Qué grupo está representado por la oración de multiplicación $10 \times 2 = 20$?
   _____

5. Escribe un número en la casilla para completar la oración de multiplicación mostrando la distancia que caminó el director de la banda.
   $7 \times \square = 14$

6. Escribe una oración numérica de multiplicación para mostrar el número de miembros del grupo de viento-madera.
   _____

TEMA 4 Agrupación de la banda

MUESTRA LAS OPERACIONES

Escribe una oración de multiplicación para los dibujos de los problemas 1 y 2.

1.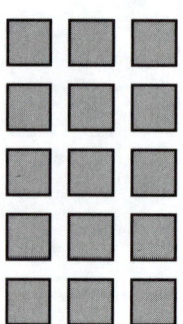

2.

3. Agrupa las figuras de abajo para mostrar 18 ÷ 6 = 3.

4. Agrupa 18 figuras de otra manera para mostrar 18 ÷ 6 = 3.

5. Haz un dibujo para mostrar 7 × 3 = 21.

6. Escribe una oración de multiplicación para representar lo que se muestra en la recta numérica.

EL ESPECTÁCULO DE LA MEDIA PARTE

- Hay 2 en cada grupo. Hay 16 jugadores en total.
- Quince ejecutantes se dividen en tres grupos de cinco.
- Hay 21 en total. Hay 3 grupos.
- Siete filas y siete columnas forman un cuadrado.
- Esta matriz tiene ocho filas y cinco columnas.
- Este grupo de nueve forma una matriz que tiene una sola fila.
- Hay cinco grupos. Cada grupo tiene cinco jugadores.
- Hay dos grupos de ocho.

TEMA 4 Agrupación de la banda

EL ESPECTÁCULO DE LA MEDIA PARTE (RECORTES)

TEMA 4 Agrupación de la banda

Nombre _____

CONEXIÓN CON EL HOGAR: DESCRIBE LA MATRIZ

Estimado padre o representante:

Su niño está aprendiendo sobre modelos para la suma y la multiplicación repetida.
Lea las instucciones en el reverso de esta página y ayude a su niño a completar la página.

TEMA 4 Agrupación de la banda

doscientos once **211**

CONEXIÓN CON EL HOGAR: DESCRIBE LA MATRIZ

➡ Escribe una oración de suma para cada matriz.

Escribe una oración de multiplicación para cada matriz.

1.

2.

3.

4.

TEMA 4 Agrupación de la banda

Hallar lo impar

LA TABLA DEL CÓDIGO SECRETO DEL CLUB PAR-IMPAR

23 A	14 B	36 C	5 D	19 E	26 F	37 G	17 H
44 I	1 J	25 K	8 L	11 M	22 N	10 Ñ	18 O
9 P	40 Q	33 R	49 S	32 T	29 U	43 V	7 W
38 X	13 Y	28 Z					

▶ Busca el número en la tabla. Reemplaza cada número con una letra. Escribe las palabras. Mira los números que se usan para escribir la palabra en el código. Después de cada palabra, escribe <u>todos pares</u>, <u>todos impares</u> o <u>pares e impares</u>.

¿par, impar o ambos?

43 23 36 23
_____

28 18 18
_____

49 23 33 23
_____

26 19 8 44 28
_____

MUÉSTRAME LO IMPAR

▶ Mira el número de la izquierda. Escribe si es par o impar. Dibuja un diagrama que muestre que el número es par o impar.

11 _____
_____

17 _____
_____

22 _____
_____

30 _____
_____

19 _____
_____

28 _____
_____

Nombre _____

CONEXIÓN CON EL HOGAR: PARES O IMPARES

Estimado padre o representante:

Su niño está aprendiendo acerca de números pares e impares. Juegue a "pares o impares" con su niño. El juego se juega con dos jugadores o con dos equipos que no pueden tener más de tres jugadores por equipo.

¡Se juega así!

- El juego empieza con un jugador que escoge "pares" o "impares".

- A continuación, ambos jugadores cierran la mano. El jugador que escogió "pares" o "impares" empieza contando hasta 3. A la cuenta de tres, cada jugador abre el puño y muestra un número de dedos.

- El objetivo del jugador consiste en acertar la cantidad de dedos hallando la suma de los dedos que se muestran. Por ejemplo, el jugador escoge pares. A la cuenta de 3, ambos jugadores muestran sus dedos. Un jugador muestra dos y el otro jugador muestra cuatro. Esto suma seis dedos, que es un número par. El jugador que eligió pares gana un punto. Si la suma de los dedos que se mostraron fue impar, el otro jugador es el que gana el punto.

- Los jugadores se turnan para elegir "pares" o "impares".

- El primer jugador o equipo que obtenga diez puntos gana.

- Este juego puede jugarse con una o dos manos. Dos manos simplemente aumenta el tamaño de los números que se usan.

- Si se juega en equipos, se suman todos los dedos mostrados.

TEMA 4 Hallar lo impar

TEMA 5
Geomedidas II

Nombre _____

Siente el calor

UNA CUESTIÓN DE GRADOS 1

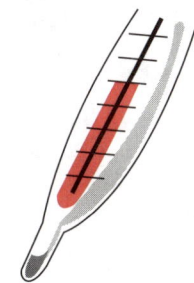

➡ Usa el termómetro A de la página 220 para contestar las preguntas 1 y 2.

1. El termómetro A muestra la temperatura de la sopa de Max. ¿Cuál es la temperatura de la sopa de Max en grados centígrados?

2. Max dejó que su sopa se enfriara. La temperatura de la sopa bajó a 60 grados centígrados. ¿Cuántos grados centígrados se enfrió la sopa de Max?

➡ Usa el termómetro B de la página 216 para contestar las preguntas 3, 4 y 5.

3. El termómetro B muestra la temperatura de afuera. ¿Cuál es la temperatura de afuera en grados Fahrenheit?

4. Aproximadamente, ¿cuál será la temperatura medida en grados centígrados?

5. La temperatura de afuera subió 28 grados Fahrenheit al finalizar el día. ¿Cuál fue la temperatura más alta del día medida en grados Fahrenheit?

TEMA 5 Siente el calor

UNA CUESTIÓN DE GRADOS 2

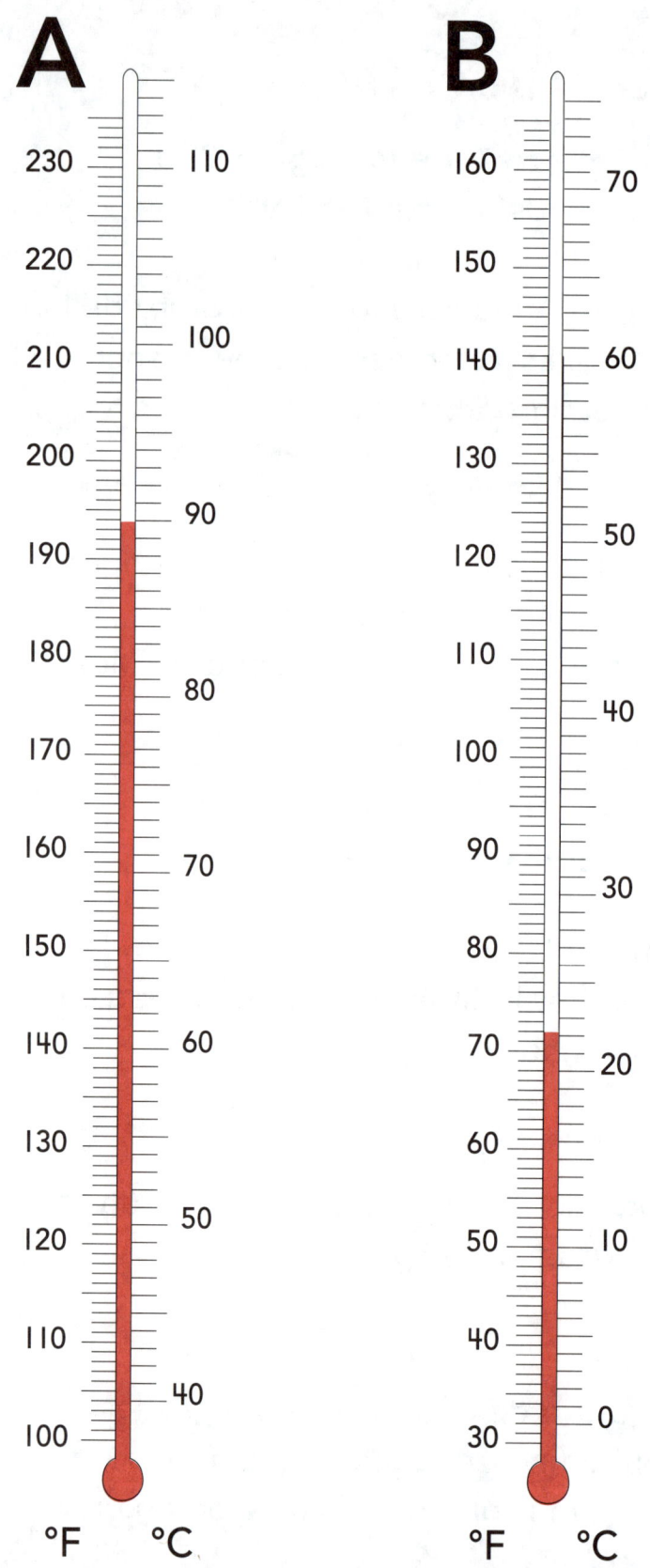

Nombre _____

CONEXIÓN CON EL HOGAR: EL ANOTADOR DE LA TEMPERATURA

Estimado padre o representante:

Su niño está aprendiendo acerca de cómo leer la temperatura en las escalas centígrado y Fahrenheit. En clase, su niño ha participado en experimentos mediante los cuales ha observado cambios en la temperatura. Esta semana, queremos que ayude a su niño a mantener un registro de las temperaturas altas y bajas del día en cualquier ciudad. Las temperaturas se pueden conseguir en periódicos o en programas de televisión. Ayude a su niño a elegir una ciudad y hallar la información. Lean juntos las instrucciones y ayude a su niño a completar el reverso de esta página. Luego, pídale que lleve la página a clase.

TEMA 5 Siente el calor

CONEXIÓN CON EL HOGAR: EL ANOTADOR DE LA TEMPERATURA

◆ **Completa la siguiente tabla y llévala a la clase.**

Nombre de la ciudad: _____

◆ **Encierra en un círculo la escala que deseas usar.**

   Centígrados   Fahrenheit

◆ **Anota la temperatura**

Día de la semana	Temperatura más alta	Temperatura más baja

Nombre _____

La compañía de correos de Molly

EXAMEN DE MEDIDAS

➡ **Encierra en un círculo la respuesta correcta.**

1. ¿Qué unidad no es angloamericana?
   - **A.** tonelada
   - **B.** onza
   - **C.** kilogramo

2. ¿Qué unidad es la más grande?
   - **A.** kilogramo
   - **B.** tonelada
   - **C.** gramo

3. ¿Cuántos gramos hay en un kilogramo?
   - **A.** 2,000
   - **B.** 1,000
   - **C.** 16

4. ¿Cuál es la abreviatura para libra?
   - **A.** lb
   - **B.** P
   - **C.** pd

5. ¿Qué unidad es la mejor para medir el peso de una manzana?
   - **A.** onza
   - **B.** libra
   - **C.** tonelada

6. ¿Qué unidad es la mejor para medir el peso de un perro?
   - **A.** onza
   - **B.** kilogramo
   - **C.** gramo

7. ¿Qué artículo es más probable que sirva para equilibrar un peso de 10 gramos?
   - **A.** cuaderno de notas
   - **B.** caja de libros
   - **C.** hipopótamo

8. ¿Qué artículo es más probable que sirva para equilibrar un peso de 10 onzas?
   - **A.** camión
   - **B.** sandía
   - **C.** lata de refresco

TEMA 5 La compañía de correos de Molly

LLEVA UN REGISTRO

➡ Anota en la tabla de datos tus medidas para cada estación.

	Bolsa nº1	Bolsa nº2	Bolsa nº3
Estación A			
Estación B			
Estación C			
Estación D			
Estación E			
Estación F			

Nombre _____

EMPAREJA LA UNIDAD

Tonelada (T)	Onza (oz)
Libra (lb)	Gramo (g)
Kilogramo (kg)	Ballena azul (angloamericano)	Papas fritas (métrico)

Bolsa de maní (angloamericano)	Autobús (angloamericano)	Hormiga (métrico)	Bolsa de azúcar (angloamericano)
Bicicleta (métrico)	Televisión (métrico)	Guía de teléfonos (angloamericano)	Palillo (métrico)
Balón de fútbol (angloamericano)	Llave (métrico)	Bolsa de libros (angloamericano)	Velero (métrico)
Tomate (angloamericano)	Paquete de pipas de girasol (métrico)	Pelota de boliche (angloamericano)	Cortador de césped (métrico)
Tiburón blanco (métrico)	Bolsa de basura (angloamericano)	Muñeca (angloamericano)	Calculadora (métrico)

TEMA 5 La compañía de correos de Molly

CONEXIÓN CON EL HOGAR: SELECCIONA LA UNIDAD

Estimado padre o representante:

Su niño está aprendiendo acerca de cómo estimar y medir masa y peso utilizando unidades angloamericanas y unidades métricas de medida. Lea, junto con su niño, las instrucciones que están en el reverso de esta página y ayúdelo a completar la página.

TEMA 5 La compañía de correos de Molly

CONEXIÓN CON EL HOGAR: SELECCIONA LA UNIDAD

🠮 **Encierra en un círculo la mejor selección para medir la masa y el peso de cada objeto.**

1. una naranja

   onza   libra   tonelada

2. un gato

   tonelada   libra   gramo

3. un huevo

   gramo   libra   kilogramo

🠮 **Encierra en un círculo el objeto que más probablemente equilibraría cada peso.**

4. un peso de 10 libras

   bolsa de plumas   elefante   caja de libros

5. un peso de 2 libras

   gorila   pelota de ping pong   ladrillo

6. un peso de 1 kilogramo

   carro en miniatura   bate de béisbol   televisión

Llénalo

UNIDADES DE CAPACIDAD

1 galón = ☐ cuartos
1 cuarto = ☐ pintas
1 pinta = ☐ tazas

1 galón = ☐ pintas
1 galón = ☐ tazas
1 tazas = ☐ tazas

TEMA 5 Llénalo

MEDICIÓN DE LÍQUIDOS

1. Jordan vertió seis tazas de jugo de uva en la ponchera. ¿Cuántas pintas vertió Jordan en la ponchera?

   _____

2. Kyle usó seis cuartos de agua para llenar un balde. Lucinda usó dos galones de agua para llenar un balde. ¿Quién usó más agua?

   _____

3. La mamá de Jim lo mandó a comprar un galón de leche en la bodega. La bodega sólo vende leche en recipientes de un cuarto. ¿Cuántos cuartos de leche tendrá que comprar Jim para llevar un galón de leche a casa?

   _____

4. Daniel puso un cuarto de aceite en su carro. ¿Cuántas tazas de aceite puso Daniel en su carro?

   _____

5. El equipo de básquetbol de Richard bebió durante el entrenamiento dieciséis pintas de agua. El equipo de básquetbol de Nicole bebió diez cuartos de agua durante el entrenamiento. ¿Qué equipo bebió más agua?

   _____

6. Escribe las unidades en orden, comenzando por la más grande y terminando por la más pequeña: taza, galón, pinta, cuarto.

   _____

Nombre _____

CONEXIÓN CON EL HOGAR: BUSCA LA UNIDAD

Estimado padre o representante:

Su niño está aprendiendo a estimar la capacidad en recipientes. Dígale que observe en casa la medida de capacidad en latas y botellas de comida o bebida e identifique la unidad de medida usada. En la tabla de la página siguiente, ayude a su niño a escribir acerca de algunos recipientes que haya encontrado. Asegúrese de que escriba la capacidad de cada recipiente y la unidad en que está medida.

TEMA 5 Llénalo

CONEXIÓN CON EL HOGAR: BUSCA LA UNIDAD

Objeto	Unidad de medida	Número de unidades

Mil gotas

¿CON SENTIDO O SIN SENTIDO?

5,000 mililitros pueden llenar una piscina.	Después de haber jugado afuera me tomé 300 mililitros de agua.
Vertí 100 L de leche en mi cereal.	Una gota de lluvia es aproximadamente 1 litro de agua.
1,000 ml = 1L	Usé 20 litros de agua mientras tomaba un baño.
Mi pistola de agua tiene una capacidad de 200 litros.	Usé 50 mililitros de agua para lavar el carro.
Traje 4 mililitros de refresco para la fiesta.	La capacidad de mi termo es de 600 litros.
Mi madre me preparó 200 litros de sopa.	Usamos 5 ml de pintura para pintar mi cuarto.

TEMA 5 Mil gotas

doscientos treinta y tres **233**

Nombre _____

Usamos 10 ml de agua para regar el césped.	Un lago debe contener miles de litros.
Me tomé 400 ml de refresco.	Llené mi globo de agua con 300 litros de agua.
Trajimos 1,000 litros de agua a nuestra caminata.	Mi perro bebió 100 ml de agua.
Usé 300 ml de leche en mi batido.	Mi pecera tiene capacidad para 100 ml de agua.
Llené el balde con 5 litros de agua.	Se supone que debo tomar 10 litros de medicina cada cuatro horas.
500 mililitros es mayor que 5 litros.	3 litros es mayor que 300 mililitros.

TEMA 5 Mil gotas

CONEXIÓN CON EL HOGAR: ¡ESO TIENE SENTIDO!

Estimado padre o representante:

Su niño está aprendiendo acerca de medidas de capacidad usando unidades métricas. Como referencia ha usado cubos de un centímetro para estimar la capacidad de diversos recipientes. Su niño ha jugado al juego "con sentido, sin sentido", mediante el cual, ha explicado si una afirmación sobre la capacidad era verdadera o falsa. El ejercicio que está en el reverso de esta página es una continuación de esta actividad. Pídale a su niño que explique su respuesta. Lean juntos las instrucciones y ayúdelo a completar la página.

TEMA 5 Mil gotas

CONEXIÓN CON EL HOGAR: ¡ESO TIENE SENTIDO!

➡ Lee cada afirmación.

Marca la columna con las palabras <u>con sentido</u> o <u>sin sentido</u> después de cada afirmación. Escribe tus explicaciones en la línea que se encuentra debajo de cada afirmación.

Afirmación	Con sentido	Sin sentido
1. 300 mililitros llenarían una bañera.		
2. Usé 20 litros de agua para bañar a mi perro.		
3. Un gotero de ojos tiene cabida para 1 litro de agua.		
4. Vertí 100 L de leche en mi cereal.		
5. Después de haber jugado afuera me tomé 1 litro de agua.		
6. 500 mililitros es menos que 5 litros.		
7. 3 litros es más que 300 mililitros.		

Nombre _____

Sólo ocupando espacio
YO DIGO QUE HAY SUFICIENTE ESPACIO

➡ Observa el dibujo del cubo de centímetros. Encierra en un círculo su volumen. Comprueba tu respuesta haciendo la misma figura con cubos de un centímetro.

Piensa: Cada figura tiene cubos de un centímetro que están escondidos detrás de los que puedes ver. Piensa en esto cuando construyas la figura.

1.

10 centímetros cúbicos

12 centímetros cúbicos

15 centímetros cúbicos

2.

8 centímetros cúbicos

12 centímetros cúbicos

16 centímetros cúbicos

3.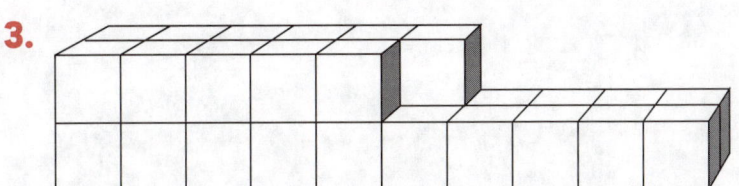

30 centímetros cúbicos

31 centímetros cúbicos

40 centímetros cúbicos

4.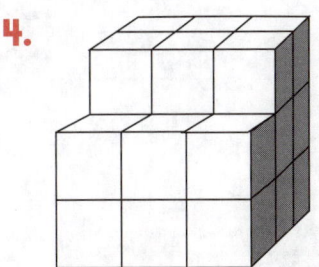

24 centímetros cúbicos

26 centímetros cúbicos

27 centímetros cúbicos

TEMA 5 Sólo ocupando espacio

CONEXIÓN CON EL HOGAR:
YO DIGO QUE HAY SUFICIENTE ESPACIO

CONEXIÓN CON EL HOGAR: YO DIGO QUE HAY SUFICIENTE ESPACIO

➡ Observa los cubos de un centímetro.
Traza una línea hasta el volumen correcto.

Piensa: Cada figura tiene cubos de un centímetro que están escondidos detrás de los que puedes ver.

1.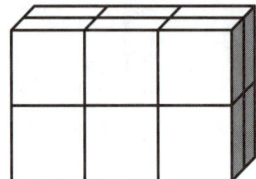

   10 centímetros cúbicos

   12 centímetros cúbicos

   15 centímetros cúbicos

2.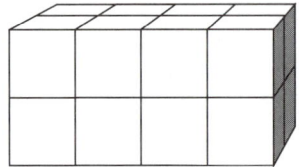

   8 centímetros cúbicos

   12 centímetros cúbicos

   16 centímetros cúbicos

3.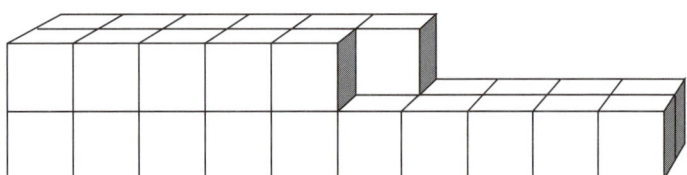

   24 centímetros cúbicos

   26 centímetros cúbicos

   27 centímetros cúbicos

4.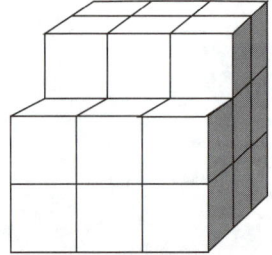

   30 centímetros cúbicos

   31 centímetros cúbicos

   40 centímetros cúbicos

Forma de cuerpo geométrico

DESCRIBE ESE CUERPO GEOMÉTRICO

Nombre de la figura	Aristas	Vértices	Caras circulares	Caras cuadras	Caras rectangulares	Caras triangulares	Caras hexagonales
Cubo	12	8	0	6	0	0	0
Cono							
Pirámide triangular							
Cilindro							
Pirámide cuadrangular							
Prisma rectangular							
Esfera							
Prisma triangular							
Prisma hexagonal							

TEMA 5 Forma de cuerpo geométrico

¿CUÁL ES LA BASE?

➡ **Empareja los cuerpos geométricos tridimensionales de la izquierda con la figura bidimensional de la derecha que muestra la base de ese cuerpo. Debajo de cada cuerpo geométrico y figura, escribe el nombre de la figura.**

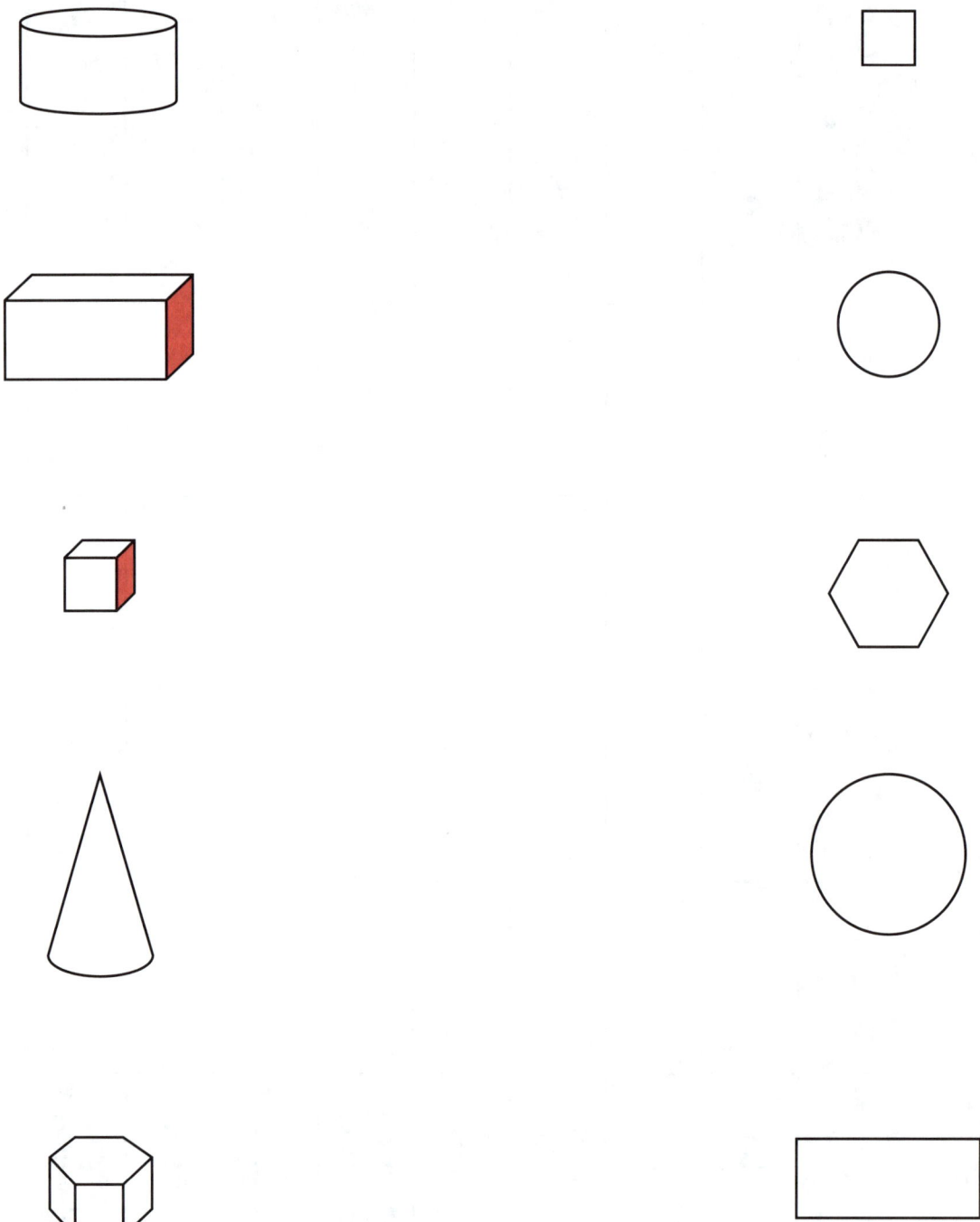

Nombre _____

pirámide triangular	cubo		6 caras cuadradas	8 vértices
12 aristas		prisma rectangular	12 aristas	8 vértices
6 caras rectangulares	prisma hexagonal		12 vértices	2 caras hexagonales
6 caras rectangulares	18 aristas	prisma triangular		3 caras rectangulares
2 caras triangular	6 vértices	9 aristas		

TEMA 5 Forma de cuerpo geométrico

Nombre _____

(cono)	1 vértice	1 cara circular	no hay aristas	cono
(cilindro)	2 caras circulares	no hay aristas	no hay vértices	cilindro
(esfera)	no hay caras	no hay aristas	no hay vértices	esfera
(pirámide cuadrangular)	1 cara cuadrada	4 caras triangulares	5 vértices	8 aristas
pirámide cuadrangular	(tetraedro)	4 caras triangulares	4 vértices	6 aristas

TEMA 5 Forma de cuerpo geométrico

doscientos cuarenta y nueve

CONEXIÓN CON EL HOGAR: VEO EL CUERPO GEOMÉTRICO

Estimado padre o representante:

Su niño está aprendiendo acerca de figuras bidimensionales y tridimensionales. El o ella ha aprendido a identificar cuerpos geométricos según sus atributos; como por ejemplo, la forma y nombre de caras, vértices y aristas. Anime a su niño a describir los cuerpos geométricos que identifique usando los términos que ha aperdido. En los próximos dos días ayúdelo a iniciar una cacería de cuerpos geométricos. Dígale a su niño que mantenga, un registro de datos acerca de las diferentes figuras que vea por la escuela y por el barrio en la página siguiente. Su niño podría escribir, por ejemplo:

Lo que veo	Dónde lo veo	Qué figura es
mi pelota de playa	en mi casa	una esfera

TEMA 5 Forma de cuerpo geométrico

CONEXIÓN CON EL HOGAR: VEO EL GEOMÉTRICO

▶ Llena la tabla con las figuras que vas.

Lo que veo	Dónde lo veo	Qué figura es

Nombre _____

La máquina de la transformación

ENCENDIDA O APAGADA

Enciende la máquina oprimiendo el **botón de encendido**.
Esto hará que la pieza número 1 _____ un cuarto en sentido de las agujas del reloj.

La pieza número 1 golpeará el **botón** de descarga. La pieza número 2 se _____ hacia abajo y golpeará el **gancho** de descarga.

Esto hace que la pieza número 3 se _____ hacia la izquierda y golpee la **palanca** de descarga.

Entonces, la pieza número 4 hará una _____ hacia abajo y moverá el **brazo** de descarga.

Ahora, la pieza número 5 se _____ hacia la derecha y hará contacto con la **válvula** de descarga.

Por último, la pieza número 6 dará medio giro en sentido contrario a las agujas del reloj.
La ▲ apuntará a _____.

Banco de palabras

gire   invertirá   traslade
deslice   traslación   invertirá

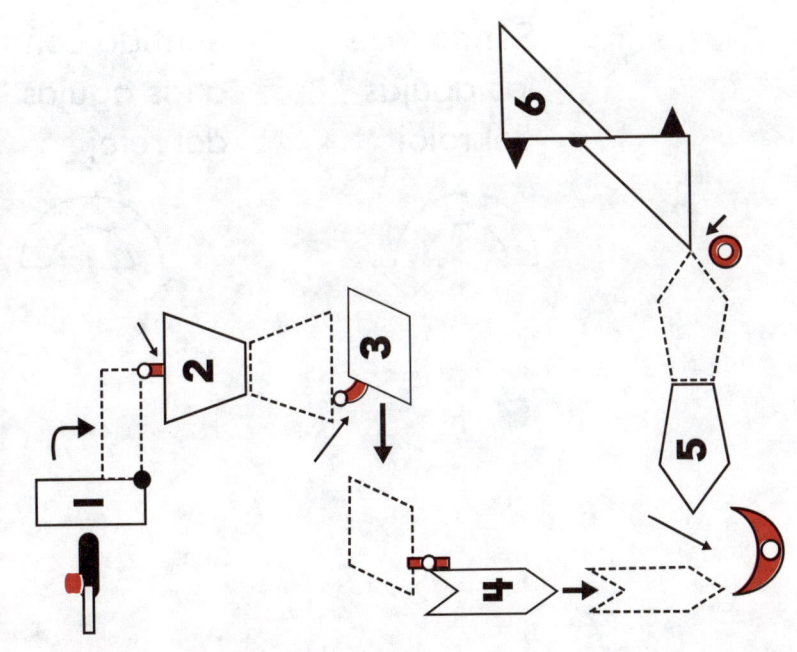

TEMA 5 La máquina de la transformación

doscientos cincuenta y tres **253**

TRANSFORMACIONES: DE AQUÍ PARA ALLÁ

Inversión / Reflexión

Deslizamiento / Traslación

Giro / Rotación

	Sentido de las agujas del reloj	Sentido contrario a las agujas del reloj

●

Nombre _____

CONEXIÓN CON EL HOGAR: MOVIENDO LA B

Estimado padre o representante:

Su niño está aprendiendo las diversas maneras de mover figuras. Una inversión crea una imagen como de espejo de la figura, como ⊠ y ⊠. Un deslizamiento mueve la figura en una determinada dirección, como ⊠ ⟶ ⊠. Un giro voltea la figura alrededor de un punto, como ↑ →. Lea las instrucciones en el reverso de esta página y ayude a su niño a completar la actividad.

TEMA 5 La máquina de la transformación

CONEXIÓN CON EL HOGAR: MOVIENDO LA B

➡ **Dibuja cada figura después de invertirla, deslizarla o girarla.**

Invierte la figura:

Antes: Después:

B

Desliza la figura:

Antes: Después:

B

Gira la figura en sentido contrario a las agujas del reloj:

Antes: Después:

B

Gira la figura en sentido de las agujas del reloj:

Antes: Después:

B

TEMA 5 La máquina de la transformación

TEMA 6
Fracciones

Los dilemas de Jenna

LOS DILEMAS DE FRACCIONES DE JENNA

1. Jenna dividió una pizza en quintos. Si cada persona se come sólo una porción, ¿cuántas personas podrán compartir la pizza? _____

2. Jenna ha llenado la $\frac{1}{2}$ de su estuche de CD. ¿Qué fracción del estuche le queda por llenar? _____

3. Jenna quiere que $\frac{7}{12}$ de la rayuela estén coloreados. Colorea la rayuela de Jenna.

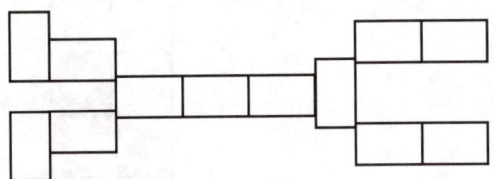

4. La mamá de Jenna le pidió que vaciara la bandeja que tenía $\frac{5}{8}$ de panecillos. Encierra en un círculo la bandeja de panecillos que Jenna debe vaciar.

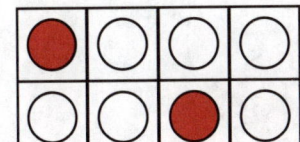 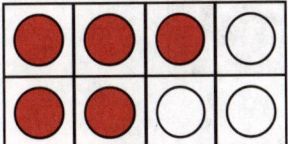

TEMA 6 Los dilemas de Jenna

UN MONTÓN DE FRACCIONES

➡ Escribe una fracción que describa el área sombreada de las figuras.

1. 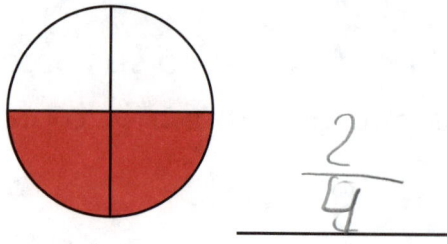 $\frac{2}{4}$

2. 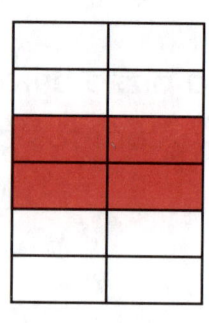 $\frac{4}{12}$

3.  $\frac{4}{5}$

4. 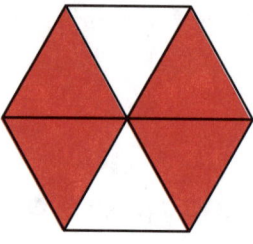 $\frac{4}{6}$

5.  $\frac{4}{8}$

6.  $\frac{7}{10}$

7. 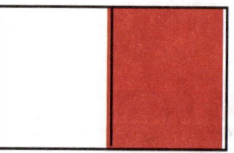 $\frac{1}{2}$

8. 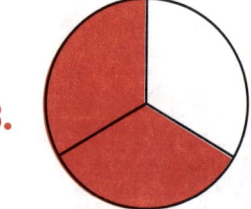 $\frac{2}{3}$

TEMA 6 Los dilemas de Jenna

BINGO DE FRACCIONES

$\frac{1}{2}$		$\frac{3}{3}$		$\frac{1}{4}$
	$\frac{1}{5}$		$\frac{1}{6}$	
$\frac{4}{6}$			$\frac{1}{8}$	
$\frac{4}{8}$		$\frac{1}{10}$		$\frac{8}{10}$
	$\frac{1}{12}$		$\frac{6}{12}$	

TEMA 6 Los dilemas de Jenna

Nombre _____

BINGO DE FRACCIONES

		VACÍO		

TEMA 6 Los dilemas de Jenna

CONEXIÓN CON EL HOGAR: COMPARTE LOS *BROWNIES*

Estimado padre o representante:

Su niño está aprendiendo acerca de fracciones que muestran partes de un todo. Lea las instrucciones junto con su niño y ayúdelo a completar la página mediante el uso de fracciones. Pista: el 8 será el denominador común en todas las fracciones.

¿Cuántos *brownies* hay en la bandeja?

➡ Escribe tu nombre en algunas de las partes. Escribe el nombre de otros dos miembros de tu familia en las partes restantes. Luego, escribe la fracción que muestre la parte de *brownies* que obtendrá cada persona.

_____   _____   _____

A mí me tocan _____ de la bandeja.   A _____ le tocan _____ de la bandeja.   A _____ le tocan _____ de la bandeja.

Nombre _____

El club del jardín

DIAGRAMA DEL JARDÍN DE LA CLASE DEL SR. FLORES

parcela 1	parcela 2	parcela 3
parcela 4	parcela 5	parcela 6
parcela 7	parcela 8	parcela 9
parcela 10	parcela 11	parcela 12

✦ = semilla de zanahoria
◆ = semilla de girasol
✧ = semilla de nabo
☀ = semilla de calabaza
● = semilla de pepino
☽ = semilla de sandía

TEMA 6 Los dilemas de Jenna

doscientos sesenta y cinco **265**

Nombre _____

DESGLOSANDO EL JARDÍN DEL SR. FLORES

➡ **Usa el diagrama del jardín de la clase del Sr. Flores para contestar las siguientes preguntas.**

1. En la parcela 1, ¿qué parte fraccionaria muestra la cantidad de semillas de nabo? (Pista: Hay doce semillas en total.) _____

2. En la parcela 3, ¿qué parte fraccionaria muestra la cantidad de semillas de nabo? _____

3. En la parcela 9, ¿qué parte fraccionaria muestra la cantidad de semillas que NO son de nabo? _____

4. En la parcela 11 hay tres semillas de zanahoria. ¿Qué parte fraccionaria muestra en esta parcela la cantidad de semillas de zanahoria? _____

5. ¿Qué parcela muestra $\frac{3}{4}$ de semillas de pepino y $\frac{1}{4}$ de semillas de girasol? _____

6. ¿Qué parcela muestra $\frac{2}{6}$ de semillas de nabo y $\frac{4}{6}$ de semillas de calabaza? _____

7. Considerando todas las parcelas que hay en el jardín, ¿qué parte fraccionaria muestra las parcelas 1, 2 y 3 conjuntamente? _____

8. ¿Cuáles son las dos parcelas que muestran que dos octavos de las semillas son de pepino?

_____

TEMA 6 Los dilemas de Jenna

doscientos sesenta y siete **267**

CONEXIÓN CON EL HOGAR: ¡DIVIÉRTETE CON LA PIZZA!

Estimado padre o representante:

Su niño está aprendiendo acerca de fracciones como partes de un todo. Lea las instrucciones junto con su niño y ayúdelo a completar la página.

TEMA 6 Los dilemas de Jenna

CONEXIÓN CON EL HOGAR: ¡DIVIÉRTETE CON LA PIZZA!

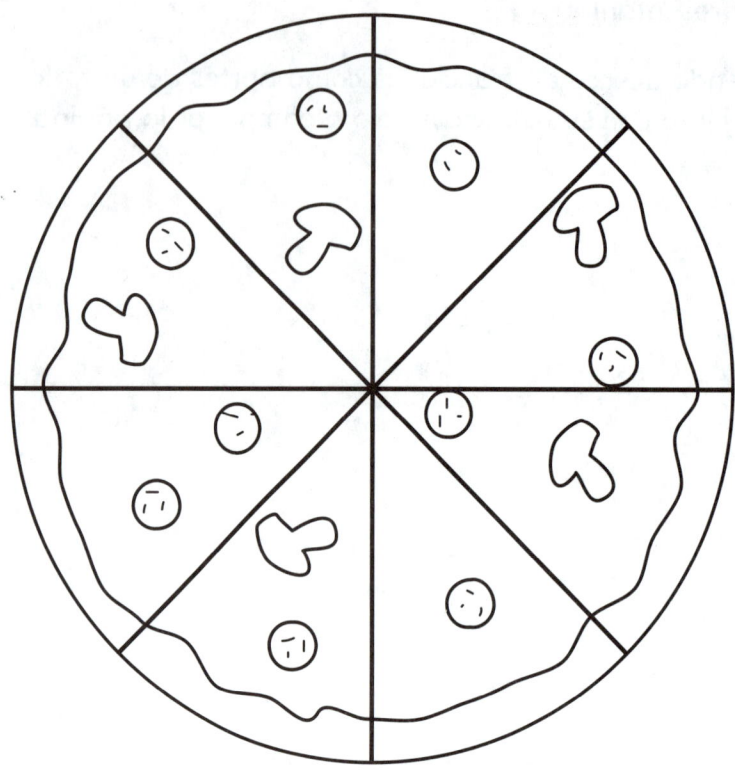

➡ Pregúntale a cada miembro de tu familia cuántas porciones les gustaría comer.

➡ Colorea las porciones e identifícalas con rótulos.

➡ Haz una lista de las fracciones que muestran las porciones que cada uno quiere comer.

_____

_____

_____

¿Sobró alguna porción de pizza?

_____

El circo con tres pistas

ENCIERRA EL ACTO EN UN CÍRCULO

➤ Observa el dibujo. Contesta las preguntas.

1. ¿Qué parte fraccionaria de los tigres está encerrada en el círculo

2. Timmy quiere encerrar en un círculo la mitad de los tigres. ¿Cuántos tigres más tendrá que encerrar Timmy?

---

3. Encierra en un círculo $\frac{1}{4}$ de los elefantes.

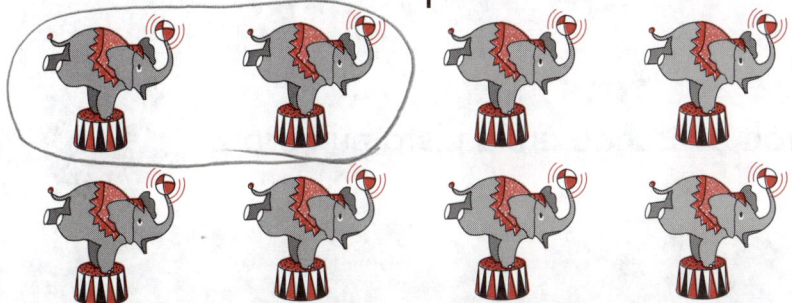

$\frac{3}{4}$

4. ¿Qué fracción de los elefantes no está encerrada en el círculo?

5. ¿Qué parte fraccionaria muestra los osos que están patinando?

TEMA 6 El circo con tres pistas

LOS ANIMALES EN LA PISTA

➡ **Usa tus tarjetas de animales para hallar la parte fraccionaria.**

Pega los animales en el mapa de la pista para mostrar en qué lugar del circo se encuentran.

1. $\frac{3}{4}$ de los osos están entrando por la puerta número 2.

2. $\frac{1}{3}$ de los caballos están actuando en la pista número 1.

3. $\frac{1}{5}$ de los perros están entrando por la puerta número 1.

4. $\frac{1}{2}$ de los elefantes están actuando en la pista número 2.

5. $\frac{2}{6}$ de los tigres están actuando en la pista número 3.

6. $\frac{3}{4}$ de los leones están parados en fila debajo de las tres pistas.

Nombre _____

HAZ UN MAPA DE LA PISTA

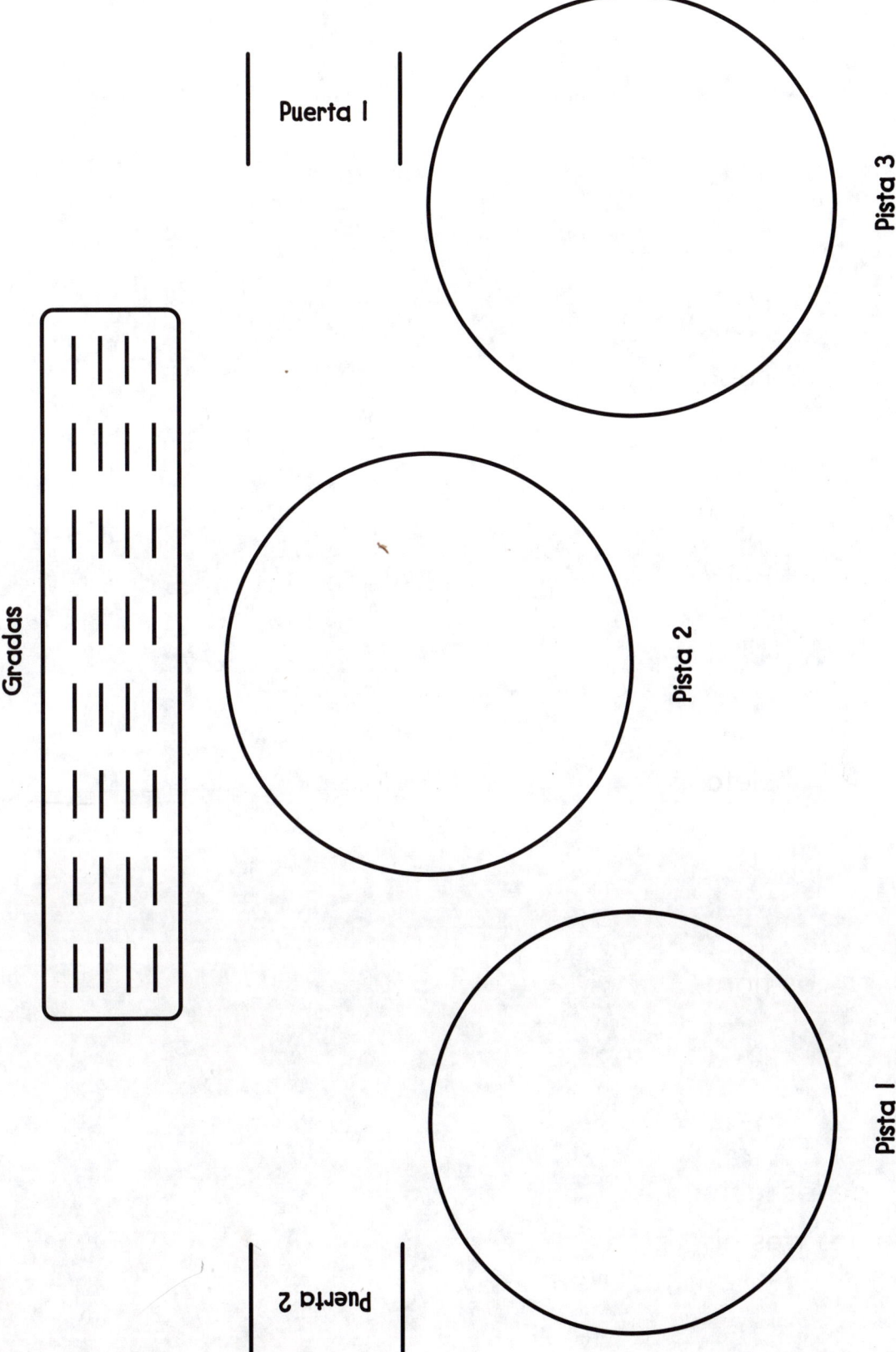

TEMA 6 El circo con tres pistas

Nombre _____

CONEXIÓN CON EL HOGAR: MUESTRA LA FRACCIÓN

Estimado padre o representante:

Su niño está aprendiendo acerca de fracciones que expresan las partes de un determinado conjunto o grupo. Lea las instrucciones que están en el reverso de esta página y ayude a su niño a dibujar y a colorear las figuras para mostrar las fracciones. El primer problema ya está parcialmente resuelto.

TEMA 6 El circo con tres pistas

doscientos setenta y siete **277**

CONEXIÓN CON EL HOGAR: MUESTRA LA FRACCIÓN

➡ Dibuja el número de objetos que hay en cada grupo. Luego, colorea el número correcto para mostrar la fracción.

1. Pat tiene seis canicas.

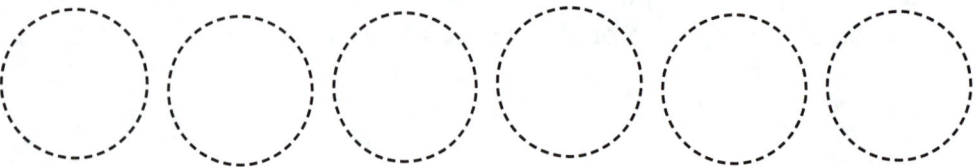

Dos de las canicas de Pat son rojas.

¿Qué fracción de las canicas de Pat son rojas?

_____

2. Syd tiene ocho libros.

Uno de los libros de Syd es verde.

¿Qué fracción de los libros de Syd es verde?

_____

3. Kareem tiene cinco camiones de juguete.

Tres de los camiones de juguete de Kareem son azules.

¿Qué fracción de los camiones de juguete de Kareem son azules?

_____

Nombre _____

Uno por encima del resto

¡UNO POR ENCIMA! ¿QUÉ HAY DEBAJO?

➡ **Resuelve cada problema y explica tu razonamiento. Usa tus tiras de fracciones unitarias para mostrar la respuesta.**

1. Depués de la fiesta, $\frac{1}{8}$ de los invitados fueron al parque y $\frac{1}{6}$ de los invitados fueron a casa. ¿Fue más gente al parque o a la casa?

   _____
   _____

2. Bobby se comió $\frac{1}{4}$ de los caramelos de la jarra. Jamie se comió $\frac{1}{3}$ de los caramelos de la jarra. Vanessa se comió $\frac{1}{6}$ de los caramelos de la jarra. Ordena la cantidad de caramelos que cada uno se comió, de la menor cantidad a la mayor cantidad de caramelos comidos.

   _____
   _____

3. Lily hizo $\frac{1}{12}$ de sus tareas antes del desayuno y $\frac{1}{2}$ de sus tareas después del desayuno. ¿Cuándo hizo Lily la mayor cantidad de tareas, antes o después del desayuno?

   _____
   _____

4. Kara terminó $\frac{1}{5}$ de su rompecabezas. Desy terminó $\frac{1}{1}$ de su rompecabezas. Parson terminó $\frac{1}{2}$ de su rompecabezas y Yolanda terminó $\frac{1}{8}$ de su rompecabezas. ¿Cuáles de los cuatro niños terminaron menos de un tercio de su rompecabezas?

   _____
   _____

TEMA 6 Uno por encima del resto

DENOMINADOR DERBY

= igual a	> mayor que	< menor que	= igual a	> mayor que	< menor que
$\frac{1}{1}$	un octavo	$\frac{1}{10}$	◐	$\frac{1}{6}$	$\frac{1}{3}$
= igual a	> mayor que	< menor que	= igual a	> mayor que	< menor que
▭	$\frac{1}{12}$	un cuarto	◇	$\frac{1}{7}$	un sexto
= igual a	> mayor que	< menor que	= igual a	> mayor que	< menor que
$\frac{1}{4}$	un entero	$\frac{1}{2}$	△△△△△△△△	○○○○○○○○○○○○●	un tercio
= igual a	> mayor que	< menor que	= igual a	> mayor que	< menor que
⬡	▦	$\frac{1}{8}$	un medio	un doceavo	$\frac{1}{5}$

TEMA 6 Uno por encima del resto

CONEXIÓN CON EL HOGAR: DIBUJA UNO POR ENCIMA DEL RESTO

Estimado padre o representante:

Su niño está aprendiendo a comparar fracciones unitarias. Ayude a su niño a escribir en cada gráfica el símbolo que muestre si la primera fracción es mayor que (>), menor que (<) o igual a (=) la segunda fracción.

TEMA 6 Uno por encima del resto

doscientos ochenta y tres **283**

CONEXIÓN CON EL HOGAR: DIBUJA UNO POR ENCIMA DEL RESTO

➡ Escribe >, < ó = para hacer que la expresión sea verdadera.

$\dfrac{1}{1} > \dfrac{1}{2}$ 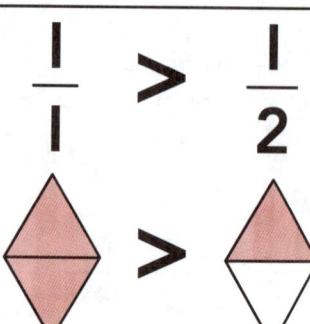	$\dfrac{1}{4}\ <\ \dfrac{1}{3}$
$\dfrac{1}{3}\ >\ \dfrac{1}{5}$	$\dfrac{1}{12}\ <\ \dfrac{1}{8}$
$\dfrac{1}{6}\ =\ \dfrac{1}{6}$	$\dfrac{1}{2}\ >\ \dfrac{1}{16}$
$\dfrac{1}{8}\ <\ \dfrac{1}{1}$	$\dfrac{1}{10}\ >\ \dfrac{1}{12}$

Nombre _____

La presencia de patrones

EL ENLACE PERDIDO

➡ Escribe la fracción que completa o continúa el patrón. Puedes usar tus manipulables.

1. $\dfrac{1}{3}, \dfrac{2}{6}, \dfrac{3}{9}, \boxed{\dfrac{4}{12}}, \dfrac{5}{15}, \dfrac{6}{18}, \dfrac{7}{21}$

2. $\dfrac{1}{5}, \dfrac{2}{10}, \dfrac{3}{15}, \dfrac{4}{20}, \dfrac{5}{25}, \boxed{\dfrac{6}{30}}$

3. $\dfrac{2}{6}, \boxed{\dfrac{4}{12}}, \dfrac{6}{18}, \dfrac{8}{24}, \dfrac{10}{30}, \dfrac{12}{36}$

TEMA 6 La presencia de patrones

OTRO ENLACE PERDIDO

⬆ Escribe la fracción de cada dibujo. Haz un dibujo que represente la fracción que falta en el patrón. Las figuras sombreadas representan las partes de un conjunto.

1.

Pista: $\frac{1}{4}$

2.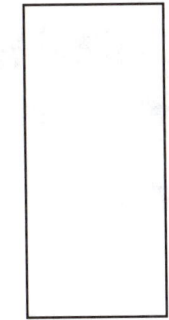

Pista: $\frac{1}{2}$

3.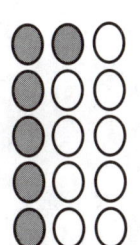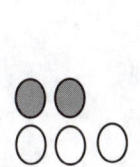

Pista: $\frac{2}{5}$

TEMA 6 La presencia de patrones

TARJETAS DE JUGAR A HACER PATRONES

1	2	3	4
$\dfrac{1}{2}$	$\dfrac{2}{4}$	$\dfrac{3}{6}$	$\dfrac{4}{8}$

5	1	2	3
$\dfrac{5}{10}$	$\dfrac{2}{3}$	$\dfrac{4}{6}$	$\dfrac{6}{9}$

4	5	1	2
$\dfrac{8}{12}$	$\dfrac{10}{15}$	$\dfrac{3}{4}$	$\dfrac{6}{8}$

3	4	5	1
$\dfrac{9}{12}$	$\dfrac{12}{16}$	$\dfrac{15}{20}$	$\dfrac{1}{10}$

TEMA 6 La presencia de patrones

2	3	4	5
$\dfrac{2}{20}$	$\dfrac{3}{30}$	$\dfrac{4}{40}$	$\dfrac{5}{50}$

1	2	3	4
$\dfrac{2}{5}$	$\dfrac{4}{10}$	$\dfrac{6}{15}$	$\dfrac{8}{20}$

5	1	2	3
$\dfrac{10}{25}$	$\dfrac{1}{4}$	$\dfrac{2}{8}$	$\dfrac{3}{12}$

4	5		
$\dfrac{4}{16}$	$\dfrac{5}{20}$		

TEMA 6　La presencia de patrones

Nombre _____

CONEXIÓN CON EL HOGAR: ¿QUÉ VIENE DESPUÉS?

Estimado padre o representante:

Su niño está aprendiendo acerca de fracciones equivalentes mediante la identificación de fracciones que expresan partes de grupos o conjuntos. También ha practicado cómo identificar patrones. Lea las instrucciones en el reverso de esta página y ayude a su niño a completar los patrones.

TEMA 6 La presencia de patrones

CONEXIÓN CON EL HOGAR: ¿QUÉ VIENE DESPUÉS?

➡ Observa cada patrón. Dibuja la figura siguiente. Escribe la fracción.

1.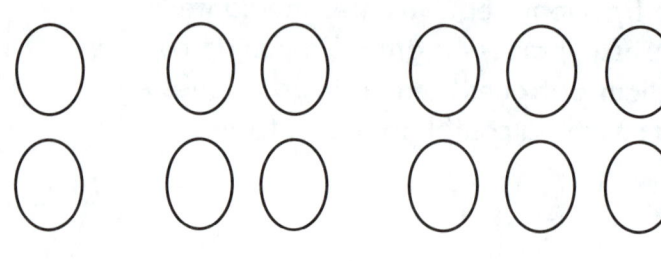

$\frac{1}{2}$ $\frac{2}{4}$ $\frac{3}{6}$ _____

2.

$\frac{1}{3}$ $\frac{2}{6}$ $\frac{3}{9}$ _____

3.

$\frac{1}{4}$ $\frac{2}{8}$ $\frac{3}{12}$ _____

4.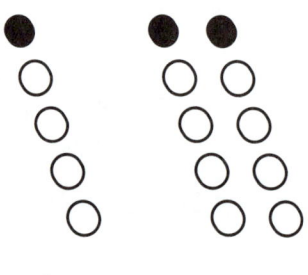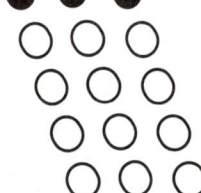

$\frac{1}{5}$ $\frac{2}{10}$ $\frac{3}{15}$ _____

TEMA 7
Probabilidad

Nombre _____

¡Todo es posible!
PREDICE LA PROBABILIDAD DE QUE SALGA CADA COLOR

Color	Coloca aquí una marca de conteo cada vez que saques un color.
Amarillo	
Rojo	
Azul	
Marrón	
Anaranjado	

▶ **Predicciones**

1. ¿De qué color tienes más en tu bolsa? _____

2. ¿De qué color tienes menos en tu bolsa? _____

3. ¿Hay algún color en la lista que no tengas en tu bolsa? _____

   Si es así ¿qué color falta en tu bolsa? _____

4. ¿Hay algún color que estés seguro que sacarás de tu bolsa? _____

   Si es así, ¿qué color es? _____

TEMA 7 ¡Todo es posible! Doscientos noventa y siete

CONTENIDO REAL DE LA BOLSA.

➡ **Escribe el número de cubos.**

Color	Número de cubos
Amarillo	
Rojo	
Azul	
Marrón	
Anaranjado	

➡ **Contenido real de la bolsa.**

1. ¿De qué el color tienes más en tu bolsa? _____

2. ¿De qué color tienes menos en tu bolsa? _____

3. ¿Qué colores faltan en tu bolsa? _____

4. ¿Hay algún color que estuvieras seguro que sacarías? _____

Nombre _____

PROBABLE O IMPROBABLE

▶ **Dibuja o nombra dos objetos que estés seguro de poder ver en el comedor.**

▶ **Dibuja o nombra dos objetos que sean imposibles de ver en el comedor.**

TEMA 7 ¡Todo es posible!

➡ **Dibuja o nombra dos objetos que sean menos probables de ver en el comedor.**

➡ **Dibuja o nombra dos objetos que sean más probables de ver en el comedor.**

Nombre

CONEXIÓN CON EL HOGAR: ¿ESTÁS SEGURO?

Estimado padre o representante:

Su niño está aprendiendo acerca de la probabilidad. Ha estado explorando la idea de las probabilidades que existen para que diferentes eventos ocurran. Lea las instrucciones que están en el reverso de esta página y ayude a su niño a elegir el término correcto para cada enunciado.

TEMA 7 ¡Todo es posible!

CONEXIÓN CON EL HOGAR: ¿ESTÁS SEGURO?

➡ Lee cada enunciado. Escribe la palabra que mejor describa cada evento. Elige una de las palabras que se encuentran debajo.

imposible   menos probable   posible   más probable   seguro

1. El día antes del lunes es el domingo.
___

2. Sale cara cuando lanzas una moneda.
___

3. Hoy verás a tus amigos.
___

4. Tu escuela tiene profesores.
___

5. Tendrás deberes escolares este año.
___

6. Este año te convertirás en una estrella de cine.
___

7. Cuando lances el cubo numérico obtendrás 4.
___

8. Verás una vaca volando.
___

Nombre _____

¡Lanzando!
¡LA LLAMADA DE LOS COLORES!

	Rojo y rojo	Rojo y amarillo	Amarillo y amarillo
Marcas			
Totales			

TEMA 7 ¡Lanzando!

CARRERA DE SUMA DE DOS DADOS

⮕ Antes de empezar el juego, escribe una predicción de la suma que crees que se repetirá más a menudo. Después de diez lanzamientos, puedes cambiar de predicción, o no.

Primera predicción: _____   Segunda predicción: _____

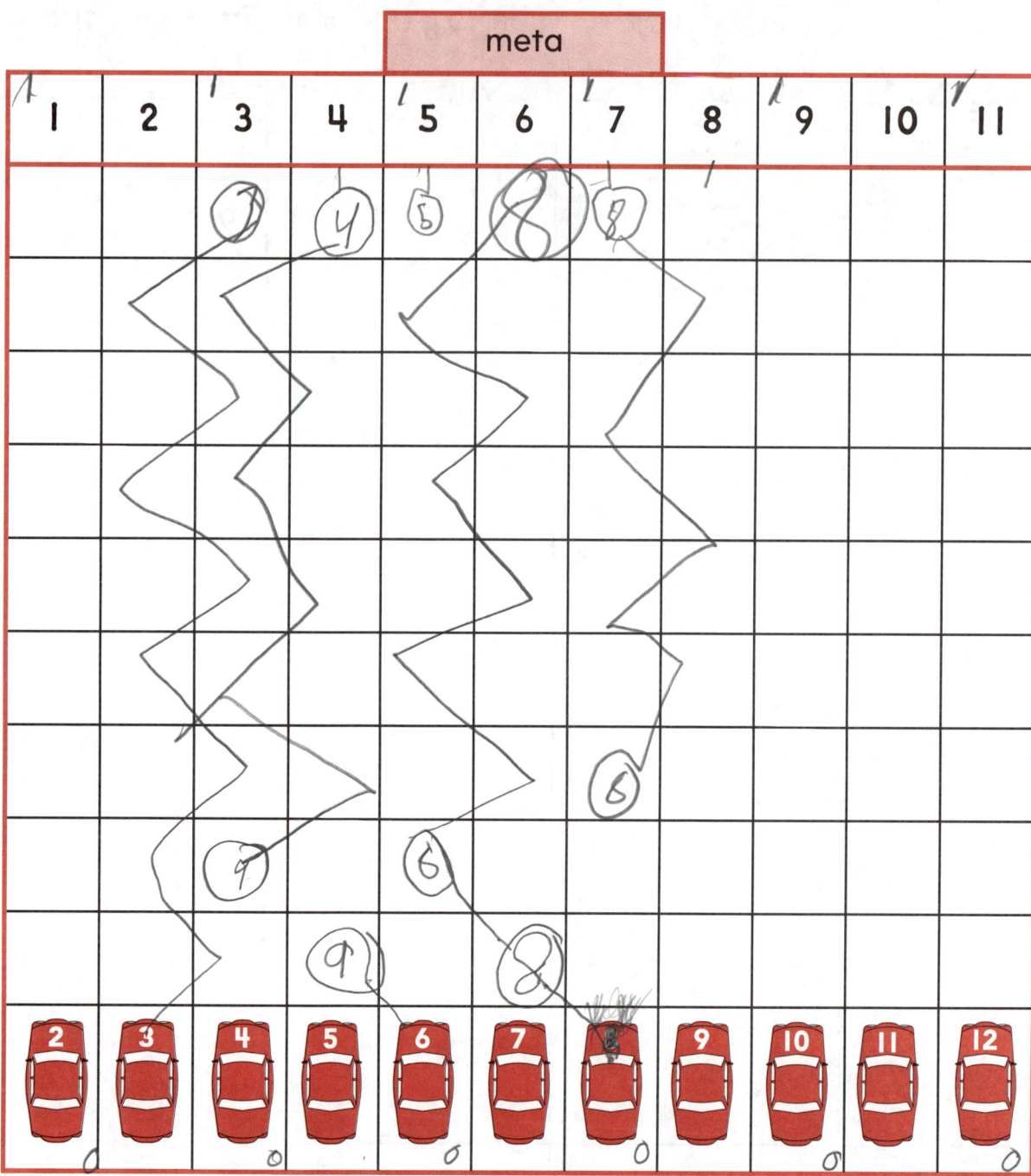

El ganador es: _____.

304 trescientos cuatro

TEMA 7 ¡Lanzando!

Nombre _____

▶ Antes de empezar el juego, escribe una predicción de la suma que crees que se repetirá más a menudo. Después de diez lanzamientos, puedes cambiar de predicción, o no.

Jugador 1
Primera predicción _____

Segunda predicción _____

Jugador 2
Primera predicción _____

Segunda predicción _____

meta

1	2	3	4	5	6	7	8	9	10	11
2	3	4	5	6	7	8	9	10	11	12

El ganador es: _____.

TEMA 7 ¡Lanzando!

EL BINGO DE LA PROBABILIDAD

Usa los números del 2 al 12 para completar las tarjetas de bingo de abajo. Debes usar cada número por lo menos una vez. Luego, elige los números que debes usar para rellenar la tarjeta.

El profesor lanzará dos dados y te dirá la suma. Si tienes la pareja, pon una marca en tu tarjeta.

Cuando hayas completado tu tarjeta, grita "¡Bingo!".

Nombre _____

CONEXIÓN CON EL HOGAR: LANZA Y ANOTA

Estimado padre o representante:

Su niño está aprendiendo acerca de la probabilidad mientras participa en experimentos de probabilidad. Ha predicho los resultados de pruebas y los ha comentado. Lea las instrucciones que están en el reverso de esta página y ayude a su hijo a completarla.

TEMA 7 ¡Lanzando!

CONEXIÓN CON EL HOGAR: LANZA Y ANOTA

▶ Escribe las respuestas para cada pregunta.

1. ¿Cuántos números diferentes pueden salir cuando lanzas un cubo numerico?

   _____

2. ¿Qué números son?

   _____

▶ Lanza dos cubos numéricos o dos dados. Escribe los números en el espacio correspondiente. Halla la suma de los dos números. Repite este procedimiento 10 veces.

Lanzamiento	Números que salieron	Suma de los números que salieron

Un rango de nombres

¿CUÁL ES MI RANGO? ¿Y MI MODA? ¿Y CUÁL ES MI MEDIANA?

➡ Observa los nombres de los animales en la gráfica. Cuenta el número de letras en cada nombre. Colorea un cuadrado para mostrar el número de letras en cada nombre. Luego, contesta las preguntas.

> canguro   lagartija   conejo   ratón   vaca   buey   gato   perro
> tortuga   tiburón   león   ballena   cochino   mono
> oso   pavo   gallina   pato   mariposa

➡ Escribe el valor más bajo debajo de la primera columna. Pon un rótulo en todas las columnas.

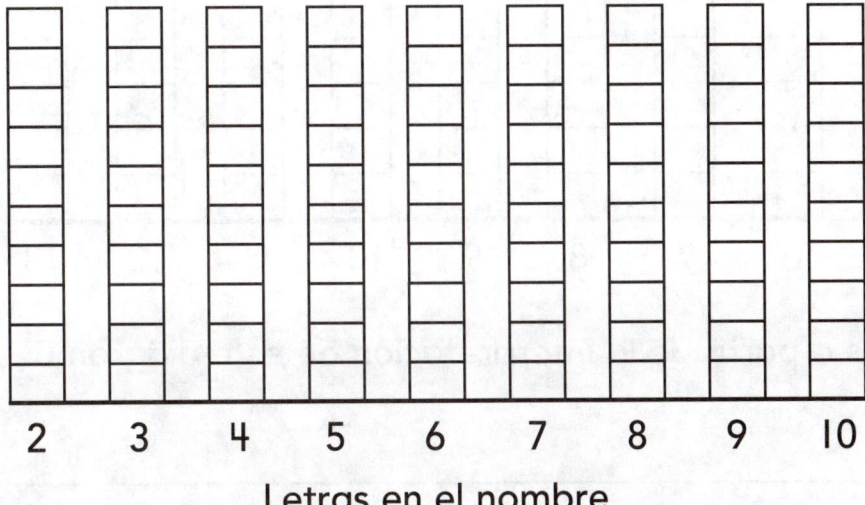

Letras en el nombre

¿Cuál es el rango del conjunto?

¿Cuál es la moda del conjunto?

¿Cuál es la mediana del conjunto?

TEMA 7 Un rango de nombres

CONEXIÓN CON EL HOGAR: HAZ UN DIAGRAMA DE LOS NOMBRES.

Estimado padre o representante:

Su niño está aprendiendo a analizar datos. Ayude a su niño a hacer una lista de sus 10 ó 12 comidas preferidas en una hoja separada.

➡ Cuenta el número de letras en el nombre de cada comida y escríbelo después de la palabra. Para cada palabra, sombrea uno de los cuadrados (en la columna que se encuentra encima del número de letras).
Por ejemplo, para la palabra "compota", sombrea el primer cuadrado que se encuentra encima del número 7.

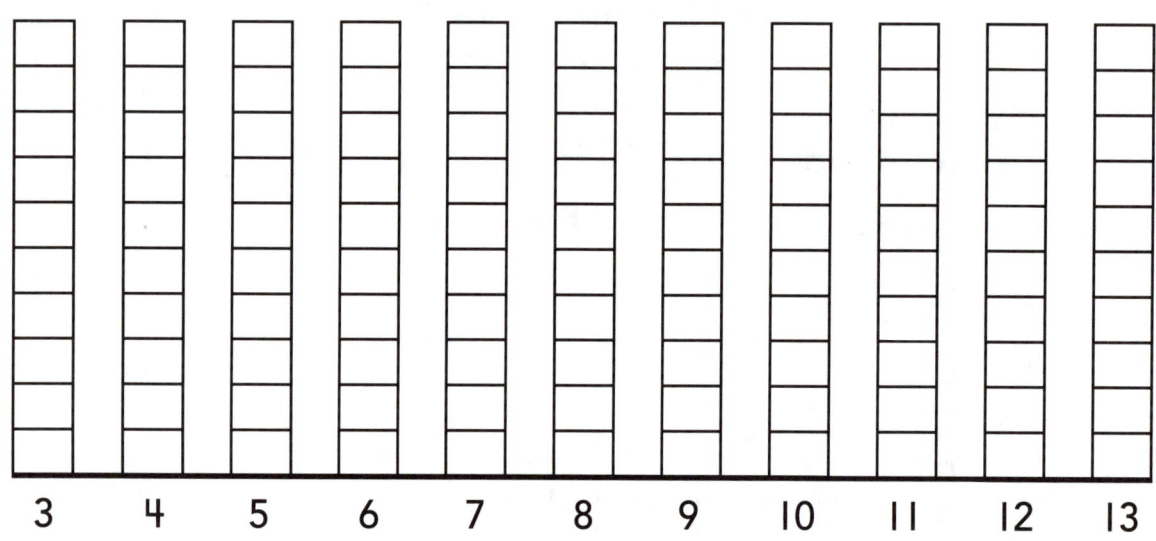

Escribe lo que sabes a partir de la interpretación de este diagrama.

_____

_____

_____